GÉNÉALOGIE COMPLÈTE ET AUTHENTIQUE DE LA MAISON DE CHANALEILLES

(PRINCE DE SIDON ET DUC DE CÉSARÉE)

Suivie des Branches éteintes de cette Maison

EN GÉVAUDAN ET EN VIVARAIS.

D'APRÈS LES MANUSCRITS DE L'ABBÉ CHAMBRON

D'après les preuves de Cour établies par CHÉRIN

PARIS

IMPRIMERIE A. PAVY, SUCCESSEUR DE A. PARENT

52, RUE MADAME ET RUE CORNEILLE, 3

1888

NOTICE GÉNÉALOGIQUE

SUR LA MAISON

DE CHANALEILLES

PARIS. — IMPRIMERIE ANTONIO AZUR
90, boulevard Montparnasse, 90.

NOTICE GÉNÉALOGIQUE

SUR LA MAISON

DE

CHANALEILLES

PAR

CH. POPLIMONT

Chevalier de l'ordre des saints Maurice et Lazare
Auteur de la *France héraldique* et de la *Belgique héraldique*

PARIS
IMPRIMERIE ANTONIO AZUR
90, BOULEVARD MONTPARNASSE, 90

1873

DE CHANALEILLES

GÉVAUDAN, VIVARAIS

Seigneurs de Chanaleilles, de la Valette, du Villard, de Saint-Cirgues, de Fabras, de Vals, du Pin, d'Ucel, de Retourtour, du Vergier, du Buisson, de Montpezat, du Roux, des Éperviers, de Saint-Pierre du Colombier, de Collanges, de la Saumès, de Joyeuse, des Vans, de Jagonas, de Servières, de Naves, de Casteljau, de Ribes, du Petit-Paris, de Saint-André-la-Champ, de la Blachère, de Jalavoux, etc., etc.;

Marquis de Chanaleilles, de Montpezat, du Villard, de Chambonas et de la Saumês; barons de Retourtour, des Éperviers, de Jagonas, de Castelnau-d'Estrettefonds, en Gévaudan, en Vivarais et en Languedoc.

D'or à trois levriers de sable, colletés d'argent, courant l'un sur l'autre. Couronne : de marquis. Tenants : deux anges. Cimier : une tête de cheval.

Devise : *Fideliter et alacriter.*

Légende : *Canes ligati* (chiens liés, armes parlantes).

Cri de guerre : *Cana Neleis.*

La généalogie de la maison de Chanaleilles a été publiée plusieurs fois, dans divers ouvrages anciens et modernes, qui ont presque tous reproduit, plus ou moins complétement, les preuves dressées par Chérin, généalogiste du roi, pour obtenir les honneurs de la cour ou bien les preuves faites pour entrer dans l'ordre de Malte. Mais ces preuves se bornaient à faire remonter la filiation authentique jusqu'à l'époque antérieure aux premiers anoblissements, ce qui suffisait pour constater son origine chevaleresque; et ce n'est que dans l'ouvrage manuscrit et inédit de l'abbé Chambron que l'on trouve les détails historiques les plus anciens et les plus curieux sur cette maison. C'est pourquoi nous avons jugé utile de reproduire, d'après l'abbé Chambron, l'*Extrait de la généalogie de la maison de Chanaleilles* (titre de marquis), tome Ier, in-folio; et tome VII des *Preuves justificatives*) [1].

1. L'abbé Chambron a écrit, en 1744 et années suivantes, les généalogies des plus anciennes familles nobles du Gévaudan, du Velay et du Vivarais, formant 8 volumes in-folio manuscrits, dont 6 volumes de généalogies et 2 volumes de preuves justificatives. Il était du diocèse de Viviers, et il mourut en 1789, âgé de près de quatre-vingt-dix ans, ayant consacré sa vie à des travaux manuscrits remarquables, dignes des anciens Bénédictins.

Les château, terre et seigneurie de Chanaleilles font partie du pays de Gévaudan (*pagus Gabalicus*), dans l'ancienne province de Languedoc, généralité de Montpellier, diocèse de Mende et sénéchaussée de Beaucaire [1].

Chanaleilles, dit Chambron, est un lieu très-ancien, situé sur la frontière du Gévaudan, du Velay et du Vivarais, et célèbre par ses autels druidiques. Il possédait déjà une église matrice, c'est-à-dire une cure ou paroisse, avec son cimetière, un château antique et ses seigneurs particuliers, dès le commencement du neuvième siècle, sous l'empereur Charlemagne, comme on le voit par une charte de délimitation des diocèses du Gévaudan (ou Mende) et du Velay (ou du Puy), faite en 811, entre les évêques Hermon et Rorice II, dans laquelle charte figurent plusieurs seigneurs des environs, et entre autres Aldefroy de Chanaleilles (*de Canehaliœ*), Renaud de Thoras, Froard de Hesplautas, Hugues de Jullianges, Robert de Lajo, Héracle de Saint-Léger, Berthold de Malzieu, et Roswin de Saugues. Ce dernier, nommé Roswino Domino de Salgie, était beau-frère du seigneur de Jullianges et parent du seigneur de Chanaleilles. (Vieux cartulaire de l'église du Puy.)

Le nom de Chanaleilles, dit cet auteur, s'est écrit avec de nombreuses variantes, comme le prouvent les anciens titres, que nous avons trouvés sur ce lieu. Ainsi, l'on trouve villa Canehaliæ en 811, Canahelum en 870,

1. Chanaleilles forme aujourd'hui un chef-lieu de commune, à treize kilomètres sud-sud-ouest de Saugues, son chef-lieu de canton et bureau de poste, et à cinquante et un kilomètres sud-ouest du Puy, son chef-lieu d'arrondissement (Haute-Loire), avec une population de sept cent soixante-quinze habitants. Son Église forme une cure et un vicariat. On y remarque encore les ruines de l'ancien château de Chanaleilles et un château plus moderne appartenant à la même maison.

Kanalelium en 918, Canalalium en 965, Canalella en 1027, Canalelhis en 1054, Canalellis en 1083, Canalellio en 1096, Cananellis en 1112, Canaleliæ en 1188, Canalella en 1219; et dans les titres français on trouve Caheneil, Caneheil, Chanaël, Chanahel, Kanaleil, Chanaleil, Chanalelle, Chanalehle, Chanaleile, Chananeile, Chananeil, Chanaleilhes, et enfin Chanaleille et Chanaleilles.

Le vieux château et l'église actuelle de cette paroisse n'ont rien d'intéressant, attendu qu'ayant été brûlés plusieurs fois dans les guerres, ils furent reconstruits l'un et l'autre à plusieurs reprises, ce qui leur a fait perdre le caractère de leur première architecture.

Chambron ajoute, en ce qui regarde l'origine et les premiers seigneurs de Chanaleilles : « On n'en trouve point de trace avant le neuvième siècle. Mais le *Dictionnaire manuscrit des États du Languedoc* dit : « On croit généralement que la terre de Chanaleilles a été donnée par Charles Martel, père du roi Pepin le Bref, à un de ses fidèles, pour récompenser ses services, pendant les guerres que ce prince fit contre les Sarrasins, qui le premier aurait fait bâtir un château dans ces terrains arides, autour duquel des maisons et une église se seraient construites au fur et à mesure du besoin de la population, et qui aura formé depuis le village de Chanaleilles, lequel fut possédé, depuis son origine jusqu'à ce jour (1744), par la même race. Mais ce qu'il y a de plus certain, c'est que des seigneurs de Chanaleilles sont descendus les premiers seigneurs des villages de Malzieu, Grandrieux, Servières, Thoras et Jonchères, lesquels ont formé autant de nouvelles familles, en prenant le nom de leur terre. C'est ce qui a été prouvé par la généalogie de Belvezer, lors de l'entrée aux États de

Languedoc, de François de Belvezer, baron de Jonchères, en 1591. »

Dans les archives conservées à l'église de Mende, il existe un fort volume in-folio, contenant les généalogies de toutes les familles nobles du diocèse de cette ville, qui ont fourni des chanoines à cette cathédrale; mais ce travail, qui fut confié à MM. de Bruges, de Servières, chanoines, et du Peloux, vicaire général de Monseigneur l'évêque de Mende, ne répond pas au talent de ces hommes d'Église. Par exemple, la maison de Chanaleilles n'a fourni qu'un prévôt et cinq chanoines à l'église de Mende, et ces messieurs lui donnent huit chanoines et deux prévôts, dont quatre Chanaleilles. S'ils ont été réellement chanoines ou prévôts de l'église de Mende, ils ne figurent dans aucune des généalogies consacrées à cette maison, dont ils font remonter la tige à un seigneur nommé Cana-Neleilles[1], vivant sous Pepin le Bref, en 765.

Nous ne parlerons pas, ajoute Chambron, de ce premier seigneur de Chanaleilles, puisque nous n'avons rien trouvé d'authentique avant l'année 811, comme nous l'avons dit plus haut. Seulement, nous dirons qu'issue de race franque et chevaleresque, la maison de Chanaleilles compte pour l'une des plus anciennes familles du Languedoc. Ses possessions seigneuriales, situées en Gévaudan, en Velay et en Vivarais, lui ont fait contracter ses alliances avec les premières maisons

1. Ce nom primitif de *Cana Neleilles* rappelle celui de *Cana Neleis*, la *blanche Diane*, et le souvenir de Nélée, fils de Codrus, banni d'Athènes, qui avait institué des fêtes en l'honneur de cette déesse, et dont la postérité, réfugiée en Germanie, parmi les Francs, se joignit aux conquérants de la Gaule, et adopta plus tard des levriers pour armoiries, à l'époque des croisades, comme attribut de cette déesse chasseresse.

de la province, et quoique son chef ne fût point titré de baron des états du Languedoc [1], il n'en était pas moins l'un des puissants seigneurs et marchait de pair avec les premières maisons du pays.

La maison de Chanaleilles a formé plusieurs branches possédant toutes de riches domaines seigneuriaux, ou fiefs, dont on verra les noms dans le cours de cette généalogie, et elle se distingue non-seulement par son ancienneté et ses chevaliers croisés, mais aussi par ses nombreux services militaires plus modernes, de même que par ses belles alliances. Elle a fait plusieurs fois des preuves de noblesse, soit pour l'ordre de Malte, soit pour l'entrée aux États de la province de Languedoc, soit pour monter dans les carrosses du roi. C'est dans les archives des églises de Mende, du Puy et de Viviers, qu'existent les plus anciennes chartes et les plus vieux documents, mentionnant des membres de cette famille, et nous les avons tous consultés, dit Chambron, pour établir la généalogie de la maison de Chanaleilles. On trouve aussi dans les archives des bailliages d'Annonay, de Ville neuve de Berg et de Tournon, beaucoup de titres en parchemin qui constatent l'ancienneté et les services de cette maison.

Après avoir décrit les armoiries de la maison de Chanaleilles, telles que nous les avons données plus haut, l'abbé Chambron continue ainsi :

1. Elle posséda plus tard la baronie de Retourtour et celle de Castelnau-d'Estrettefonds, qui lui donnèrent entrée auxdits États du Languedoc.

FILIATION GÉNÉALOGIQUE

DES SEIGNEURS DE CHANALEILLES, DEPUIS L'AN 811

1er degré. 811. Aldefroy de Chanaleilles (Haldafrigidus de Canehaliæ), tige de cette famille et premier seigneur, connu authentiquement, de Chanaleilles. Il vivait en 811, comme nous l'avons déjà dit. Il fut père du suivant.

II. 828. Hugues (Hugo), seigneur de Chanaleilles, de Freycinet et de Pouzas. On croit qu'il possédait ces deux dernières terres du chef de sa mère. Il fut l'un des seigneurs du Gévaudan, qui accompagnèrent à Naples Lothaire, fils de Louis le Débonnaire; puis il combattit à la bataille de Fontenay, aux environs d'Auxerre, qui eut lieu entre les enfants de cet empereur, et y fut tué, en 841.

Femme : Otheline, dame de Paulhac, laquelle étant veuve, fit reconstruire, de concert avec ses deux fils, l'église de Chanaleilles, comme le prouve la charte qui en fut dressée, en 845. (Manuscrits, d'après les archives de Mende.)

Enfants : 1° Othon, qui suivra;

2° Onfroy, qui devint seigneur de Venteuges, du chef de sa femme, ayant épousé Venancia, dame de Venteuges. Leur postérité conserva cette seigneurie près de trois siècles.

III. 841. Othon (Otho), dit le Fort, seigneur de Chanaleilles, en possession des terres ou fiefs de Villeret, Freycinet, Pouzas, Paulhac et Civeyrat. Il eut de longues guerres avec les seigneurs ses voisins, au sujet de ses domaines, surtout avec Astagne et Eustorge, père et fils, seigneurs de Malzieu. Mais sa force et son adresse faisaient mettre les seigneurs du pays à la raison. On ignore la date de sa mort.

Femme : Aline ou Héline, fille de Raoul, seigneur de Saint-Chély d'Apchier [1], tué en 848, dans les guerres du seigneur de Chanaleilles, son gendre.

Enfants : 1° Guigon qui suivra ;

2° Arbault, archidiacre de l'évêque de Mende, puis chanoine et prévôt de l'église du Puy, dès 880.

3° Bertrand, seigneur d'Auroux, par sa femme, marié à Gulna, fille de Sibaut, seigneur d'Auroux et de Yveline de Cubelles, dame de Langlade, qui donna ce domaine en 880, à Agenulphe, évêque de Mende, son parent; et ce, présent Arbaut, prévôt de l'église d'Anis (du Puy), frère de Bertrand de Chanaleilles, son gendre.

IV. 873. Guigon (Wuigo) seigneur de Chanaleilles et des terres de Villeret, Freycinet, Pouzas, Paulhac et Civeyrat, fit un accord, en 873, après la mort de Othon, son père, avec Eustorge, seigneur de Malzieu, par lequel il est dit, entre autres choses, que le seigneur de Malzieu, afin que la paix soit plus stable entre les deux familles, consent au mariage du dit Guigon, avec sa sœur. C'est ce qui eut lieu, à la satisfaction de tous les parents des deux maisons.

Femme : Olga, fille d'Astorge (ou Eustorge) seigneur de Malzieu.

1. Armes d'Apchier : d'or au château donjonné de trois pièces de gueules, maçonné, ajouré et coulissé de sable, les deux tourelles à dextre et à senestre sommées chacune d'une hache d'armes d'azur, le tranchant faisant face au flanc de l'écu

Enfants : 1° Pons Ier, qui suivra ;

2° Guy, seigneur de Freycinet, Pouzas, puis de Thoras, du chef de sa femme; il devint ainsi la tige de la deuxième branche des seigneurs de Thoras, qui ont joué un grand rôle dans les guerres du onzième et du douzième siècles; marié à Alixone, dame et héritière de Thoras, dès 880.

3° Guiburge (ou Guiberge), femme de Guy, châtelaine de Marvejols ;

4° Éveline, femme de Roger, seigneur de Jullianges.

V. 905. Pons Ier, seigneur de Chanaleilles, Villeret, Paulhac et Civeyrat.

Ce seigneur périt dans les guerres de Guy, sire de Cubelles, son beau-frère, contre Guigon, seigneur de Saugues, qui périt aussi avec Pons Ier de Chanaleilles, en 933. (Chronique de l'église du Puy).

Femme : Berthe de Cubelles, dame de la Pénide, sise paroisse de Cubelles, qui resta veuve ; fille de Hugues II, seigneur de Cubelles, en 883.

Enfants : 1° Hugues II, qui suivra ;

2° Guigon, tige des seigneurs de Paulhac ;

3° Arnaud, seigneur de Servières.

VI. 933. Hugues II, seigneur de Chanaleilles, Villeret, Paulhac, Civeyrat et la Pénide, du chef de sa mère. Il fonda la chapelle Saint-Julien de Villeret, avec Berthe sa mère, en 938; ce qui fut approuvé par Gotescale de Polignac, trente-deuxième évêque du Puy. Hugues II ne vivait plus en 970.

Femmes : 1° Andélye, fille d'Hélye, seigneur de Monistrol-sur-Allier, et de Gerline de Saint-Haond ;

2° Yvète, dame de Grèzes, la Clause et du Mazel, fille de Pons, seigneur des dits lieux ; mort avant 937.

Enfants : 1° Pons II, qui suivra ;

2° Hélye, tige des seigneurs de Jonchères; marié en 970 à Almonde, dame et héritière de Jonchères, près de Pradelles ; laquelle, avec Hélye de Chanaleilles, son mari, fonda une nouvelle église à Jonchères, en place de la chapelle Saint-Martin, qui était devenue insuffisante pour la population. L'acte de cette fondation, qui est de 976, se trouve dans les titres de l'église Notre-Dame-du-Puy. Hélye prit le nom de Jonchères, que sa postérité conserva plus de trois siècles. Il fut père de quatre fils ;

3° Guillaume, seigneur de la Clause et du Mazel, sis paroisse de Grèzes, par donation de sa mère ; marié à Alix de Ajio ;

4° Elvide, dame de Civeyrat, qui épousa Joran, seigneur de Saint-Léger, en 970 ;

5° Émimie, qui se retira dans un monastère, à la mort de son mari, seigneur de Nozerolles.

VII. 970. Pons II, dit *le Rouge*, seigneur de Chanaleilles, de Grèzes, la Pénide, le Villeret, les Chazeaux et le Pin, puis de la Bastide, du Mazel et de Saint-Préjet, en partie, du chef de sa femme. Pons 1er, vicomte de Polignac, ayant chassé les bandes rouges du Velay, ceux-ci se jettent de part et d'autre dans le Gévaudan et le Vivarais. Dans leurs courses, les villages de Cubelles, Vazeilles, Thoras, Chanaleilles, Paulhac, Malzieu et Lajo furent pillés et brûlés. Le seigneur de Chanaleilles fut massacré en 1002. Son village est celui qui a le plus souffert. Plus d'église, ni de château. La moitié des maisons furent brûlées et la plupart des habitants massacrés.

Chambron, qui rapporte ces désastres, dit que, pendant longtemps, les habitants de ces villages ont laissé la majeure partie de leurs terres incultes, faute de bras pour les cultiver.

Femme : Marie de Saint-Préjet, dame de la Bastide, du Mazel et de Saint-Préjet, en partie, que l'on dit avoir été massacrée par les bandes rouges, avec son mari, en 1002; fille d'Arnaud II de Saint-Préjet, seigneur de la Bastide, du Mazel, de Saint-Préjet et autres lieux, mort en 977, et d'Aelis de Saugues.

Enfants : 1° Arnaud Ier, qui suivra;

2° Guigues, seigneur de la Pénide et du Villeret;

3° Hugues, seigneur des Chazaux et du Pin;

4° Robert, déjà chanoine de l'église de Mende.

VIII. 1002. Arnaud Ier, seigneur de Chanaleilles, Grèzes, la Bastide, le Mazel et Saint-Préjet, en partie. Par acte de 1003, il partagea avec ses trois frères la succession de ses père et mère, en présence de leurs parents, et de Aldebert de Peyre, archidiacre de l'église de Mende, puis prévôt de cette ville en 1008, et assisté de Matefroy, son évêque, leur cousin. Chambron marque la mort d'Arnaud Ier en 1025.

Femme : Ivonne de Peyre [1], fille de Guillaume, sire de Peyre, du Chambon et de Cerrat, en partie, et de Béatrix de Cerrat.

La dame Ivonne et son mari, Arnaud, seigneur de Chanaleilles, firent reconstruire leur manoir et l'église paroissiale de ce village, qui avaient été brûlés par les bandes rouges.

L'acte de fondation et de consécration de la nouvelle église a été dressé par Druon, chanoine de Mende, le 3 des kalendes de mai 1006, en présence de Théodard, 37e évêque du Puy, Guillaume, sire de Pradelles, Roger

1. Armes de Peyre : écartelé, aux 1 et 4 d'azur à la croix alésée d'or; aux 2 et 3 d'or à la pensée au naturel, feuillée de sinople.

de Malzieu, Robert de Saugues et Gui de Monistrol (Cartulaire du Puy).

Enfants : 1° Guillaume Ier, qui suivra ;

2° Hélye, seigneur de Grèzes, qui périt dans le Rhône en 1046;

3° Armand, seigneur de la Bastide, puis de Grèzes;

4° Mathilde, femme de Pierre, seigneur de Longeval.

IX. 1025. Guillaume Ier, seigneur de Chanaleilles, le Mazel, Saint-Préjet et autres lieux. Il établit des fours, des moulins et des pressoirs banaux dans toutes ses terres et ordonna aux habitants de s'en servir, moyennant trois sols du Puy annuellement. Guillaume fit aussi construire la tour du domaine de Falzet, où il mourut, paroisse de Chanaleilles, en 1054.

Femme : Huguette de Madènes, dame de Boisseyre, fief et château sis paroisse de Pinols, fille de Guigon III, seigneur de Madènes, de Chazelles, de Boisseyre et de Viallevieille, et de Bertrand de Pinols.

Enfants : 1° Hugues III, qui suivra;

2° Gui, seigneur de Boisseyre ;

3° Aline, femme de Robert, seigneur de Chazelles.

X. 1054. Hugues III, seigneur de Chanaleilles, le Mazel, Saint-Préjet, Falzet et autres lieux. Il fit un échange en 1055 avec Aldebert Ier de Peyre, évêque de Mende, par lequel ce prélat abandonna au seigneur de Chanaleilles toutes les maisons qui sont au midi de l'église de Malzieu, en échange du domaine de Corsac, que ledit Hugues III possédait à Badaroux, près Mende. L'acte de cet échange est conservé aux archives de l'église de Mende, carton 43, lettres P M. En 1068, Hugues III de Chanaleilles se reconnut vassal et homme de fief de Pierre de Mercœur, 40e évêque du Puy, et rendit hommage à ce prélat, pour partie des terres et domaines de Chanaleilles, du Mazel, de Saint-Préjet et autres, qui mouvaient en plein fief de l'église de Sainte-Marie d'Anis (*Anicium le Puy*. Vieux cartulaire de cette église.). Il ne vivait plus en 1080.

Femme : Amphelise de Bugeac, dame de Servières, près Saugues, fille de Guillaume, seigneur de Bugeac, Domezou, Laroche et Recoules, châtelain de Saugues et de Malvie, dame de Servières, qu'elle donna en dot à sa fille, mais s'en réservant l'usufruit.

Enfants : 1° Guillaume II, qui suivra;

2° Géraud, seigneur de Vazeilles par sa femme, s'étant marié à Faina, ou Faïne, dame de Vazeilles, qui resta veuve, fille de Théobert, seigneur de Vazeilles et de Juliette de Jonchères, dont vinrent trois fils, qui ont continué la branche des seigneurs de Vazeilles, de Recoules et du Rouve, près de Saugues;

3° Roger, croisé avec son frère, en 1096 ;

4° Agnès, femme de Jean, seigneur du Vernet, à Saugues;

5° Marie, dame de Falzet.

XI. 1080. Guillaume II, chevalier (miles), seigneur de Chanaleilles, le Mazel, Saint-Préjet, le Fraysse et Madrières. Il ne rendit hommage pour ses terres, que huit ans après avoir succédé à son père, et encore ce ne fut qu'en 1088 qu'il accomplit ce devoir, parce qu'il y fut contraint par Adhémar de Monteil, évêque du Puy. En 1096 [1], Guillaume II de Chanaleilles, avant

1. Voyez les chroniques et les manuscrits *originaux* de Pons de Balazuc et de Raymond des Agiles, chanoine du Puy, historiens de cette croisade, dont il n'a été publié qu'une partie abrégée dans le recueil de Jacques Bongars, intitulé : *Gesta Dei per Francos, sive orientalium expeditionum et regni Francorum hierosolymitani scriptores varii, cœtanei, in unum editi; Hanau,*

de partir pour la Croisade, aliéna ou vendit une partie de ses domaines. C'est ainsi qu'il vendit la terre de Saint-Préjet pour *mille sols du Puy*, à Gérard, fils d'Etienne, sire de Saint-Vénérand; et, pour garantie de cette vente, il donna Arnaud, son fils aîné, et Amphelise de Bugeac, sa mère, avec les revenus sur les terres de Chanaleilles et du Mazel, jusqu'à son retour de la Terre-Sainte. Cet acte, signé et écrit par Fulco, au presbytère de Cane-Nelyæ, est conservé aux archives de l'église de Notre-Dame du Puy. Guillaume de Chanaleilles, avant son départ, fit aussi donation du moulin qu'il possédait, à Védrines, près de Thoras, aux moines de Saint-Chaffre, à la condition que Guillaume, abbé de ce monastère, ferait célébrer, tout le temps de son absence, trois messes par jour, pour que le Créateur lui conserve la vie dans ce lointain pays. Il partit ensuite pour la croisade, avec l'évêque du Puy, son frère Roger, son beau-frère, Eustache d'Agrain et une foule de chevaliers; mais Guillaume II de Chanaleilles, son frère Roger

1611. On distinguait, parmi ces seigneurs, Eustache d'Agrain, qui devint prince de Sidon et de Césarée, vice-roi et connétable du royaume de Jérusalem, et mérita la glorieuse dénomination d'épée et de bouclier de la Palestine; Héracle, vicomte de Polignac; Raymond Pelet, R. de Turenne, Pons de Fay, Hugues de Monteil; Amanieu, sire d'Albret; Robert de Vieuxpont, Robert de Boves, P. de Chalençon, Adhémar de Monteil, évêque du Puy, légat du pape; L. de Garlande, B. d'Anduse, Bernard de Montlaur, N... de Rochemaure, Pons de Thésan, Godefroy de Randon, B. de Chambarlhac, N... de Beauvoir, N... du Roure, Bernard de Montagnac, B. de La Garde, Gaultier de Castellane, Raymond de Hautpoul, Gilbert de Tournon, M. de Ginestous, G. de Chanaleilles, A. de Villeneuve, Golfier de Laron, seigneur de Hautfort; G. de La Tour, N..., de la Fare, Gérard du Pouget, Aldebert de Pierre, Guillaume de Sabran, N.... des Porcellets, Roger de Montmorin, Olivier de Rochefort, Raymond des Agiles et Pons de Balazuc. (Cette note est extraite du *Dictionnaire universel, historique, critique et bibliographique* de Chaudon et de Landine, imprimé par Prudhomme, 9e édition (1810), au mot d'*Agrain*, t. V., p. 298.)

et un grand nombre de croisés périrent, avec Adhémar de Monteil, d'une épidémie qui sévit dans l'armée chrétienne, en août 1098. (Registre de l'Evêché.)

Femme : Alix d'Agrain [1], qui resta veuve, fille de Pons, seigneur d'Agrain, Alleyras, Costaros, mort en 1083, et d'Eustachie de Pagan. Elle était sœur d'Eustache d'Agrain, qui devint connétable et vice-roi de Jérusalem, prince-duc de Césarée et de Sidon, auquel son courage et sa bravoure ont mérité le glorieux surnom de *l'épée et le bouclier de la Palestine.* (Manuscrits, archives de l'église du Puy.)

Enfants : 1° Arnaud II, qui suivra;

2° Hélye, seigneur du Mazel, puis de Rochefort, à Alleyras;

3° Alix, femme de Raoul de Desges, seigneur de Binières et de Chazette.

XII. 1098. Arnaud II, chevalier, seigneur de Chanaleilles, le Fraysse, Madrières et autres lieux. Il paraît que ce seigneur eut plusieurs différends avec Gérard, seigneur de Saint-Préjet, à qui son père avait vendu cette terre. En effet, ayant appris la mort du seigneur de Chanaleilles, en Palestine, Gérard commença à s'emparer de tous les domaines, que la maison de Chanaleilles possédait dans les villages de Saugues et de Thoras. De son côté, Arnaud de Chanaleilles assembla ses vassaux et fit appel à tous les hommes valides de ses terres, leur enjoignant de venir se ranger sous la bannière de Guigues, dit le vieux, seigneur de Thoras, son allié, et ce, d'ici à six jours (*sic*). En effet, au jour indiqué, les vassaux et les hommes valides des seigneurs de Chanaleilles et de Thoras furent conduits par le vieux sire de Thoras et Arnaud de Chanaleilles,

1. Armes d'Agrain : d'azur au chef d'or.

devant le château neuf de Saint-Préjet. On fit le siége de cette place, et Gérard se rendit prisonnier. Il fut conduit dans les prisons de Madrières, où le seigneur de Chanaleilles ne lui rendit la liberté qu'après avoir obtenu de lui l'abandon de plusieurs fiefs, qu'il lui avait usurpés, en payant 500 livres de monnaie du Puy, et en jurant sur les saints Évangiles qu'il ne ferait plus de ravages sur les terres d'Arnaud de Chanaleilles, ni des autres seigneurs. (Manuscrits de l'église de Mende.) En 1103, Arnaud II, seigneur de Chanaleilles, rendit hommage pour ses terres à Ponce de Tournon, 43e évêque du Puy, comme avaient fait son père et son aïeul, pour la terre de Chanaleilles. Dans cet acte, ce seigneur est nommé et qualifié *nobili viro Arnaldo domino de Cananellis et Castellani de Salgæ*. C'est la première fois que l'on trouve la qualité de châtelain de Saugues, portée par les seigneurs de Chanaleilles. Arnaud II, seigneur de Chanaleilles fit un accord, en 1118, avec Hugues III, chevalier, seigneur de la Tour d'Albaret, au sujet des droits que ledit Arnaud avait dans la paroisse de Sainte-Marie d'Albaret, du chef de sa femme, et il ne vivait plus en 1129.

Femme : Hélisente d'Apchier, morte avant 1118, fille de Hélye d'Apchier, écuyer, seigneur de Jullianges et de Guillemette d'Albaret, sœur de Gui, croisé en 1096.

Enfants : 1° Guilllaume III, qui suivra ;

2° Bernard, qui devint seigneur de Croisance, par son mariage, et châtelain de Saugues, après la mort de son père. Il laissa postérité et ne vivait plus en 1163 : Marié à Manteline, dame de Croisance, fille de Gui, écuyer, seigneur de Croisance, mort en 1139, et d'Inès de Pradelles. Il en eût quatre fils, dont l'aîné fût appelé Arnaud de Chanaleilles ;

3° Hugues, chanoine de l'église du Puy, qui devint ensuite grand vicaire et archidiacre de Mgr Aldebert III de Tournel, évêque de Mende, qui l'envoya avec deux chanoines de son église, à Rome, en 1159, pour complimenter le pape Alexandre III, qui venait d'être élu souverain Pontife. (Archives de Mende.)

4° Guillemette, femme de Bernard; chevalier, seigneur de Jonchères, près Pradelles, en 1130;

5° Alix, femme de Robert de...

XIII. 1129. Guillaume III, chevalier, seigneur de Chanaleilles, Fraysse, Madrières, le Crouzet, le Villeret et Falzet, domaines situés dans la paroisse de Chanaleilles. En 1130, il rendit hommage à l'église de Notre-Dame du Puy, pour sa terre de Chanaleilles et autres fiefs, qui relevaient de cette église. Ce fut ce seigneur qui fit reconstruire le château de Chanaleilles et fit rebâtir la chapelle de Saint-Martin de Villeret. Il mourut en octobre 1179.

Femme : Raymonde de la Boulène, dame de Trémont, près Saint-Christophe d'Allier, morte avant 1165, fille de Guillaume, chevalier, seigneur de la Boulène, de la Gouzabet, le Mainial et autres lieux, et de Hélye, dame de Trémont, qui donna ce fief en dot à sa fille et deux maisons sises à Pradelles. (Archives de Pradelles.)

Enfants : 1° Hélye Ier, qui suivra;

2° Guillaume qui fut chevalier de l'ordre du Temple et qui fit donation à son ordre, en 1153, de la terre de Varnier, on Varneris qu'il avait acquise[1]. Ce fief rele-

1. La charte de cette donation se trouve dans les archives du marquis de Chanaleilles. Elle est ainsi conçue :

« In nomine sancte et individue Trinitatis, amen. Ego Ludovicus, Dei gratia rex Francorum, notum facimus universis presentibus

vant de la couronne, Louis VII, dit le Jeune, approuva cette donation et la scella de son sceau royal. Le nom et les armes de ce chevalier du Temple figurent dans les salles des Croisades du palais de Versailles.

« On rapporte, dit Chambron, que Guillaume de Chanaleilles et quatre autres chevaliers du Temple, fondèrent une maison de leur ordre, en 1171, sur les bords du Rhône, en Vivarais, dans un domaine, dont l'un d'eux avait hérité de Bermonde de Royas, veuve de Colard, chevalier, sire de Brion. »

3° Bernardine, femme de Robert, écuyer, seigneur de Vidalou, près Saint-Jean-Roure, en Vivarais.

XIV. 1179. Hélye Ier, chevalier, seigneur de Chanaleilles, Fraysse, Madrières, le Crouzet et autres lieux, qui rendit hommage pour ses terres, en 1180, au chapitre de l'église du Puy. Il rendit aussi foi et hommage, en 1192, à Pons IV, chevalier, seigneur de Montlor, *aliàs Montlaur*, d'Aubenas, etc., pour différents fiefs et domaines, dont il avait hérité de son beau-père, dans les paroisses de Pradelles et de Coucouron, en Vivarais. De concert avec Hugues de Thoras, Hélye de Chanaleilles fonda, en 1198, une maladrerie, ou hospitalet, à frais communs, sur les limites de leurs terres, la dotè-

pariter et futuris, quod dominus WILLELMUS DE CANALELLIS, frater Templi effectus, ipsam domum et domus exaltationem officiosissime diligens, comparavit feodum de Varneris et ipsum templo donavit; in quo etiam nos requisisti, quùm in feodo nostro constabat, assensum nostrum dedimus et pro immutabili firmitate presentem paginam sigillo nostro communiri fecimus, subter inscripto nominis nostri karactere.

« Actum publice Parisius, anno ab incarnatione Domini millesimo centesimo quinquagesimo tertio, astantibus in palatio nostro quorum subtytulata sunt nomina et signa. Domus nostra sine dapifero tunc erat : S. Guidonis, buticularii ; S. Mathie, constabularii ; S. Mathie, camerarii.

« Data per manum Hugonis Cancellarii. »

rent et y affectèrent une chapelle pour la desservir. C'est ce qui fut approuvé par charte de Bertrand Ier de Chalançon, 49e évêque du Puy, et Guillaume IV de Peyre, évêque de Mende. Hélye de Chanaleilles ne vivait plus en 1205.

Femme : Almaudie de Belvezet, fille d'Arnaud, chevalier, seigneur de Belvezet et de Lavillatte en partie, et de Hélène de Jorchères, dame de Maleveilles. Almaudie mourut en 1203.

Enfants : 1° Arnaud III, qui suivra;

2° Gui de Chanaleilles, écuyer, seigneur de Maleveilles, en Vivarais, que sa postérité a conservé jusqu'en 1395.

XV. 1205. Arnaud III de Chanaleilles, chevalier, seigneur de Chanaleilles et autres lieux, qualifié châtelain de Saugues, dans l'hommage qu'il rendit à l'église du Puy, en 1205, pour sa terre de Chanaleilles et les fiefs du Crouzet et de Madrières. En 1206, il reçut l'hommage de Durand de Charpin, damoiseau, pour tous les biens qu'il possédait dans la paroisse de Saint-Maurice et dans la ville de Saugues[1]. Arnaud III périt

1. Ce titre d'hommage existe dans les archives du marquis de Chanaleilles. Il prouve la descendance de deux fils d'Arnaud : Guillaume, deuxième du nom, et Bernard, premier du nom. Il atteste également qu'Arnaud était seigneur de Chanaleilles, près la ville de Saugues, dans le Gévaudan. Ce titre est ainsi conçu :

« Ego Durantus Charpini, domicellus, notum facio universis quod confessus fui et recognovi coram nobili viro ARNALDO, domino DE CANANELLIS, me habere et tenere in feudum francum, ipso Arnaldo presente et recipienti quicquid habeo apud Sanctum Mauricium, a viâ que exit ab ecclesiâ predicti loci et vadit apud feudum Guillelmi de Altoforti; item ea que habeo apud molendinos et in pertinentiis et feudis que tenent ibi Petrus et Bernardus de Monteacuto; item feudum Guillelmi de Cheilardo apud Godoletum cum omnibus pertinenciis suis; item quemdam ortum in villa de Salgiis ante domos Guillelmi et Bernardi liberorum predicit nobilis domini Arnaldi. In cujus rei testimonium presentibus litteris sigillum meum apposui. Datum anno Domini millesimo ducentesimo sexto. »

assassiné, avec Guillaume II, chevalier, sire de Bauzon et Raoul de Tartas, lors des noces de Jausserand, seigneur de Montlaur, près Saint-Cyrgues-en-Montagne, avec Marie de Pastourel, en juin 1227. Ils furent tous les trois inhumés dans l'abbaye de Mazan. (Manuscrits de l'église de ce monastère.)

Femmes : Marié 1°, dès 1192, à Bernardine de Saint-Alban, fille de Bernard, chevalier, seigneur de Saint-Alban, en Gévaudan, et d'Alix de Sainte-Colombe; et 2°, en 1213, à Marie de Tartas, qui resta veuve, et fonda son anniversaire à l'abbaye de Mazan, à laquelle elle légua 100 livres, pour dire trois messes annuelles, etc., fille de Guigues II de Tartas, chevalier, seigneur dudit lieu, près Pradelles, et sœur de Raoul de Tartas, qui périt avec le seigneur de Chanaleilles.

Enfants : soit du 1er ou du 2e lit : 1° Guillaume IV, qui suivra;

2° Hélye de Chanaleilles, seigneur du fief d'Aubusson, près du Puy, du chef de sa femme, marié en 1215 à Astorge d'Auroux, morte en 1248, dont deux filles;

3° Bernard de Chanaleilles, qui fut la tige des seigneurs d'Escublac et du Tort, sis paroisse de Saint-Haond, par son mariage avec Jausseline de Jagonas, dame et héritière de ces deux fiefs.

4° Riche de Chanaleilles, morte avant 1243, qui épousa en 1212, Payan de Rochon, seigneur de Saint-Martin le Vieux, au diocèse de Carcassonne, lequel fit un accord en 1243, étant veuf, avec Guillaume IV, seigneur de Chanaleilles, son beau-frère;

5° Marie de Chanaleilles, qui épousa en 1232, Hugues, écuyer, seigneur du fief de Monteils, sis paroisse de Saint-Haond.

XVI. 1227. Guillaume IV de Chanaleilles, écuyer,

chevalier, seigneur de Chanaleilles, pour laquelle terre il rendit deux hommages : le 1er au chapitre de l'église du Puy, en 1228, et le deuxième en 1230, à Raymond VII, comte de Toulouse. (Archives de l'église du Puy.) Il paraît que Guillaume IV de Chanaleilles aurait encore donné le dénombrement de ses terres et rendu hommage pour Chanaleilles, en juin 1250, à Alfonse, comte de Poitiers et de Toulouse, frère du roi Saint-Louis. Il ne vivait plus en 1265.

Femme : marié par accord passé en août 1223, à Josserande de Villeneuve[1], dame de Monteil, près la chapelle Grallouse, fief qu'elle donna, étant veuve, en janvier 1265, à Pierre de Chanaleilles, son troisième fils; fille de Besnard, chevalier, seigneur de Villeneuve, de Monteil, de la Chapelle en partie, mort avant 1230, et de Josserande de Châteauvieux.

Enfants : 1° Bernard, qui suivra;

2° Raymond Ier de Chanaleilles, qui suivra après son aîné;

3° Pierre de Chanaleilles, seigneur de Monteil, par don de sa mère, et duquel fief, il rendit hommage, en 1266, à Ponce de Montlor, chevalier, baron de Montlor ou Montlaur et d'Aubenas, etc. Dans cet acte, il est qualifié : *Petrus de Canalellis*, *domicellus*, *dominus de Mons helio, etc.*, marié à Éléonore de Rieuclar;

4° Jausselin de Chanaleilles, abbé de Mazan, en 1288;

5° Robert de Chanaleilles, chevalier du Temple, dès 1270;

6° Josserande de Chanaleilles, qui épousa Pons III, écuyer, seigneur du Chambon, près de Jaujac, et châte-

1. Armes de Villeneuve : d'azur, à la tour d'or, au chef de sable

lain du château de ce lieu, comme on le voit par un acte en forme de transaction, fait en 1267 ;

7° Raymonde de Chanaleilles, qui testa en faveur de ses trois enfants. Elle avait épousé, avant 1265, Hugues de Villatte, chevalier, seigneur de Lanarce, licencié ès lois, bailli de la justice des terres et seigneuries de l'abbaye de Mazan ; mort en 1273 ;

XVII. 1265. Bernard de Chanaleilles, chevalier, seigneur de Chanaleilles, et autres lieux. Il rendit hommage, en 1266, au comte de Toulouse, avec Raymond de Chanaleilles, son frère, comme avait fait jadis Guillaume, leur père [1]. En juillet 1267, il fit un acte, en forme de transaction, avec ses frères, ses sœurs et beaux-frères, au sujet des biens délaissés par le décès de leurs père et mère. Il donna aussi une quittance de six cents livres au roi Philippe III, en 1270, au camp devant Car-

1. Cet hommage existe dans les archives du marquis de Chanaleilles. Il prouve que Bernard, chevalier, et son frère Raymond, damoiseau, étaient fils de Guillaume ; en voici la teneur :

« Anno Domini millesimo ducentesimo sexagesimo sexto, videlicet septimo idus Januarii, sit notum omnibus tam presentibus quam futuris quod ego BERNARDUS DE CANALELLIS, miles, et ego Remundus de Canalellis, domicellus, fratres, filii condam domini Willelmi de Canalellis et heredes, jurati de veritate dicenda, confitemus et recognoscimus, sub juramento a nobis corporaliter prestito, vobis Johanni E. rardi,, Castellani castri de Vouta, stipulanti et recipienti nomine domini comitis Tholosani et Alverniensis, nos tenere ad feudum ab ipso domino comiti omnia et singula que nominata et contenta sunt in recognitione facta per dictum dominum Willelmum de Canalellis quondam patrem nostrum et vobis sub eadem forma et sub eodem juramento eandem quam ipse fecit facimus recognitionem, promittentes vobis nomine predicti domini comitis, obedientiam, juvamentum et fidelitatem sub virtute prestiti juramenti et eidem, ipsius vel suorum monitioni homagium nos facturi. Hec acta fuerunt apud Voutam in presencia et testimonio Roberti Guitarti Capellani de Vouta, P. Remundi Cappellani, Willelmi de Lansaco, militis, Hugonis Antoninii, domicelli, R. Durandi, Johannis Sessiax et mei B. Ruffi, publici notarii de Vouta, qui de mandato utriusque partis hec scripsi et meum apposui sequens signum. »

thage, immédiatement après la mort de saint Louis, à la septième croisade, suivant la convention faite par devant noble homme, l'empereur de Constantinople, pour son passage d'outre-mer. Cette quittance existe dans les archives du marquis de Chanaleilles. Elle est très-curieuse par ses détails et par sa teneur [1].

Par actes des années 1277, 1283, 1290 et 1295, Bernard de Chanaleilles vendit plusieurs censives, domaines et des vignes, qu'il possédait, du chef de sa femme, dans la ville et au mandement de Joyeuse et dans les environs. Il mourut sans postérité masculine, avant le mois de juin 1298.

Femme : marié, dès le mois d'octobre 1262, à Jeanne de Ribes [2], dame de la Beaume, près de Ribes, en bas Vivarais, morte avant son mari, auquel elle avait donné la terre de la Beaume, avec son château ; fille de Roger de Ribes, écuyer, seigneur de Bas, le Reynal, la Bastide et Ribette, tous fiefs et domaines sis paroisse de Ribes, près Joyeuse, capitaine châtelain du château de

1. Universis presentes litteras inspecturis, BERNARDUS, dominus DE CANANELLIS, miles, salutem. Noveritis nos recepisse et habuisse a karissimo domino nostro Philippo, Dei gratia serenissimo rege Francorum, per manus Petri Michaelis et Petri dicti Barbe, pistorum dicti regis, sexcentas et sexaginta sex libras turonenses et tredecim solidos et quatuor denarios, ratione conventionis, ex parte viri nobilis imperatoris Constantinopolitani nobiscum habite, de itinere transmarino, et ducentas libras turonenses pro restauratione unius equi et sexaginta libras turonenses pro robis nostris et de omnibus predictis denariis tenemus nos penitus pro pagatis. In cujus rei testimonium, predictis Petro Michaeli et Petro Barbe, presentes litteras sigillo nostro dedimus sigillatas.

« Actum in castris juxta Carthaginem, die sabbati post festum omnium sanctorum, anno Domini millesimo ducentesimo septuagesimo. »

L'original est scellé d'un sceau en cire rouge représentant un chevalier avec ces mots pour légende : *Sigillum Bernardi.*

2. Armes de Ribes : d'argent, au rocher de sable, à la bordure d'azur.

cette ville, mort avant 1273, et de Mathilde de la Beaume, dame et héritière du fief de ce nom, qu'elle donna à sa fille Jeanne, par son testament, fait en janvier 1273.

Enfant : Mathilde de Chanaleilles, fille unique, qui fut religieuse, puis prieure de l'abbaye de Soyons, dès 1298, époque à laquelle elle transigea avec Raymond II de Chanaleilles, son cousin-germain.

XVII *bis*. 1265. Raymond Ier de Chanaleilles, frère cadet de Bernard, damoiseau, puis écuyer, devint seigneur de la Valette (depuis le Villard), seigneurie située dans la paroisse de Saint-Cirgues de Jaujac, du chef de sa femme, comme on le voit par divers hommages qu'il reçut des vassaux et des amphithéotes de cette terre. Il fit son testament étant veuf, en faveur de ses trois enfants, en mai 1296, et mourut la même année.

Femme : Marié, en 1268, à Béraude de la Valette, dame dudit lieu, morte avant 1296, et fille unique et héritière de Raymond de la Valette[1], écuyer, seigneur dudit lieu, capitaine du château de Jaujac, et d'Alix de Maillevert.

Enfants : 1° Raymond II, qui suivra;

2° Béraud, qui suivra après son aîné;

3° Alix de Chanaleilles, morte avant le 8 juillet 1313, qui épousa, avant 1293, Pierre de Tauliac, seigneur dudit lieu, sis paroisse de Vals, près du Puy, licencié ès lois, bailli des terres du chapitre du Puy, mort en 1307.

XVIII. 1296. Raymond II de Chanaleilles, damoiseau, seigneur de La Valette, dont il rendit hommage, pour ce fief, en mars 1297, à Pons III de Montlaur, chevalier,

1. Armes de La Valette : de gueules, à deux fasces d'or, la première chargée d'un lion de sable.

baron de Montlaur et d'Aubenas. Par acte passé devant notaire, il fit donation à Béraud de Chanaleilles, son frère, de tous les droits qui lui appartenaient dans les biens provenant de la succession de son père, et ne se réserva que le fief de La Valette, qu'il donna également audit Béraud en juillet 1317. Il mourut l'année suivante, sans alliance.

XVIII *bis*. 1296. Béraud de Chanaleilles, écuyer, chevalier, seigneur de Chanaleilles, du chef de Bernard, son oncle, puis de Laval et de Vals, en partie, près du Puy, du chef de sa femme. Il fut le premier bailli royal du pays de Velay, sergent d'armes et garde du sceau royal, comme on le voit dans divers actes, depuis l'année 1300 jusqu'en 1318. Il rendit hommage au chapitre de l'église du Puy, pour sa terre de Chanaleilles, en 1299, à lui échue par le décès de noble Bernard, chevalier, seigneur dudit lieu; et à Pons III de Montlaur, chevalier, baron de Montlaur et d'Aubenas, etc., en 1318, pour la terre de La Valette, à lui échue par le décès de Raymond de Chanaleilles, son frère aîné. (Archives de l'église du Puy et du château de Tournon). En 1320, après la mort de sa femme, il vendit, du consentement de ses quatre fils, le fief et domaine de Bauzy, et autres censives situées dans la paroisse de Vals, dépendant du château et mandement de Laval, pour le prix de 8,500 livres, à Julien de Chantillac, licencié ès lois, bailli de la terre et baronnie de Polignac, etc. Il mourut en décembre 1324.

Femme : Marié, par contrat passé sous le scel de l'évêché du Puy, en août 1291, à Astorge de Vals [1], dame de Vals et de Laval, en partie près du Puy, procédant de l'avis et du consentement de vénérable Hélye de Vals, chanoine de l'église Notre-Dame du Puy, son

1. Armes de Vals : d'argent, à la fougère de sinople.

oncle et son tuteur, et de Jeanne de Castanier, aussi décédée.

Enfants : 1° Hélye II, qui suivra;

2° Pierre de Chanaleilles, abbé de l'abbaye de Mazan, en 1332;

3° Raymond de Chanaleilles, chanoine de l'église Notre-Dame du Puy, mort en octobre 1347;

4° Jean de Chanaleilles, sous-prieur, puis prieur de Mazan en 1332;

5° Astorge de Chanaleilles, qui testa en mars 1352, et qui avait épousé, par accord passé en septembre 1320, Valentin de Prades, chevalier, seigneur de la Bouteire, près la Souche.

XIX. 1324. Hélye II de Chanaleilles, damoiseau, puis écuyer, seigneur de Chanaleilles, de Vals, de Laval, du Pin, de La Valette et autres lieux, en Gévaudan, en Velay et en Vivarais. Par acte du 14 février 1325, il rendit hommage, au chapitre du Puy, pour la terre de Chanaleilles, et le 22 mars de la même année, il rendit hommage, pour le fief et le château de La Valette, mandement de Jaujac, à Pons III de Montlaur, chevalier, baron de Montlaur, Aubenas, Sabran, etc. « Dans ces deux hommages, Hélye de Chanaleilles est qualifié damoiseau et héritier universel et féodal de feu noble Béraud de Chanaleilles, bailli royal du Velay, son père. » Il rendit encore hommage et prêta serment de fidélité au chapitre de l'église du Puy, le 1er avril 1339, pour ce qu'il tenait de cette église, aux terroirs de Chanaleilles et à celui de Prades, en Vivarais, et fit son testament, daté du chastel de La Valette, le mardi 24 mars 1360, jour de la fête de saint Simon, par lequel il partage ses biens entre ses six enfants. Il mourut le 6 avril de cette année 1360.

Femmes : 1° Marié, dès 1325, à Guillaumette d'Ucel[1], fille et héritière de Guillaume, écuyer, seigneur d'Ucel, en bas Vivarais, et châtelain d'Aubenas, mort avant 1330, et de Jeanne de Prades, qui resta veuve. Par son testament, Guillaumette déclare vouloir être enterrée en l'église d'Ucel, au tombeau de son père et de ses ancêtres; donne et lègue à Jeanne de Chanaleilles, sa fille unique, la terre d'Ucel, près d'Aubenas, en Vivarais, et la fait héritière de ses biens.

2° Remarié, en 1340, à Alasie de Montgros[2], qui resta veuve, laquelle, en qualité de tutrice de ses enfants, rendit hommage, le 18 juin 1362, à Gui de Montlaur, chevalier, baron de Montlaur, d'Aubenas et de Sabran, pour ce que feu son mari tenait de lui, tant en fief franc que noble; et elle ne vivait plus en 1370, lors du mariage de Pons, son fils aîné; fille de Pons de Montgros, chevalier, seigneur dudit lieu, en Vivarais, et de Valentine de Mallet, d'une famille transplantée en Normandie. Alasie de Montgros avait eu 2,600 livres tournois et plusieurs domaines pour dot.

Enfants : 1° (1er lit) Jeanne de Chanaleilles, dame d'Ucel, qui rendit hommage avec son mari, en avril 1355, à Gui, chevalier, baron de Montlaur, d'Aubenas, etc., pour la terre et fief d'Ucel, mouvant et relevant du château d'Aubenas. Cette dame, n'ayant pas eu d'enfants, fit son testament, en novembre 1386, en faveur de Valentin de Chanaleilles, son frère, et elle mourut l'année suivante. Elle avait épousé, en 1354, Gui de Mapias, écuyer, seigneur du fief de Mapias, sis paroisse de Ves-

1. Armes d'Ucel : d'or à deux fasces de gueules.

2. Armes de Montgros : d'azur à trois tours d'argent, celles des côtés inclinées sur celle du milieu; chaque tour chargée d'une étoile d'or.

seaux, près d'Aubenas, qui mourut sans enfants, étant au service du roi, le 27 novembre 1382, à la bataille de Rosebecque.

2° (2me lit) Pons de Chanaleilles, qui suivra.

3° Valentin de Chanaleilles, qui devint seigneur de Vals, du Pin, de La Valette, du chef de son père, puis d'Ucel, près d'Aubenas, du chef de Jeanne, sa sœur aînée. Il devint la tige d'une branche, ou plutôt continua la postérité de sa maison, qui existe encore aujourd'hui.

4° Raymond, prêtre, mort en 1414.

5° Almodie de Chanaleilles, morte avant le 4 mai 1423, qui épousa, en 1369, Vincent de Chandolas.

6° Lombarde de Chanaleilles, qui testa, le 26 décembre 1407, en faveur de Valentin, son frère, et mourut en 1409. Elle avait épousé : 1° en 1369, Raymond de Bermond, damoiseau, mort au service du roi, en 1387; et 2° s'était remariée, en 1389, à Robert de Mercoyrolles, receveur ou argentier des États du Velay, qui mourut en 1404.

XX. 1360. Pons III de Chanaleilles, damoiseau, écuyer, seigneur de Chanaleilles, du chef de son père, puis d'Altérac, du chef de sa femme. Il rendit hommage à l'église du Puy, en juin 1368, pour sa terre de Chanaleilles, à lui échue depuis huit ans par la mort de feu noble Hélye de Chanaleilles, son père. Pons et Valentin de Chanaleilles, frères, servirent pendant plusieurs années sous les ordres du maréchal comte de Sancerre (depuis connétable de France), et ils se trouvèrent à l'assaut de la ville d'Aine, en Guyenne, en 1370. Ils firent ensuite la guerre contre les Anglais, en Languedoc et en Guyenne, en 1372, sous les ordres de Louis, duc d'Anjou, oncle du roi Charles VI. Valentin de Chanaleilles s'attacha à ce prince jusqu'à la malheureuse expédition de Naples, où le duc d'Anjou fut tué, en 1384. Pons de Chanaleilles servit, de son côté, sous les ordres du connétable Bertrand Du Guesclin, dans les années 1374, 1376, 1377 et 1380. Le connétable mourut en faisant le siége devant Châteauneuf-de-Randon, le 13 juillet 1380; et Pons de Chanaleilles y fut aussi blessé mortellement le même jour, 13 juillet 1380. Ce dernier fit son testament le 20 dudit mois au château de Chanaleilles, où il avait été transporté, et par ce testament il institua pour héritière universelle sa femme, qui suit, et il mourut sans enfants le 28 juillet 1380.

Femme : Marié, en mai 1370, à Isabeau d'Apchier, qui resta veuve et devint alors héritière des terres de Chanaleilles et d'Alterac, qu'elle porta ensuite, par son deuxième mariage, dans la maison d'Apchier, en épousant, le 19 août 1382, Guy d'Apchier, son cousin.

(Pour la suite, Chambron renvoie au *Dictionnaire de la noblesse des États du Languedoc*, manuscrit, à l'article de *Chanaleilles, baron de Retourtour*).

Dans la généalogie de la maison d'Apchier, de la branche d'Altérac, Chambron ajoute les détails suivants :

Isabeau d'Apchier, veuve de Pons III de Chanaleilles, et son héritière universelle, s'étant remariée, le 19 août 1382, à son cousin, Guy d'Apchier, celui-ci devint ainsi seigneur d'Alterac et de Chanaleilles, du chef de sa femme. Mais il eût aussitôt plusieurs procès à soutenir : d'abord, contre Bertrand III, cardinal de Chanac, archevêque de Bourges, patriarche de Jérusalem, alors administrateur de l'église du Puy, en Velay, pour ce que Guy devait, pour droit et succession, dans la terre de Chanaleilles; et ensuite, cette affaire étant à peine arrangée, il eut encore un autre procès à soutenir, au sujet de la même terre de Chanaleilles, contre Valentin de Chanaleilles, chevalier, seigneur de Vals, en Vivarais, et de La Valette, etc., frère cadet de Pons III de Chanaleilles, jadis mari d'Isabeau d'Apchier, lequel Valentin de Chanaleilles réclamait la terre de Chanaleilles et l'expulsion de Guy d'Apchier et de sa femme.

Ce dernier procès dura toute l'existence que vécut Guy d'Apchier au château de Chanaleilles, c'est-à-dire depuis son mariage, en 1382, jusqu'à sa mort, arrivée le 22 mars 1410; et Chambron dit, en note, que les pièces de procédure, formant un fort volume, avec la généalogie des Chanaleilles et les preuves annexées, sont conservées aux archives du parlement de Toulouse (1769).

A la mort de Guy d'Apchier, son deuxième mari, Isabeau d'Apchier, sa veuve, fit un traité ou accord avec Valentin de Chanaleilles, jadis son beau-frère, par lequel il fut stipulé, le 23 août 1410, en présence de plus de trente seigneurs de leurs parents et alliés, que ladite Isabeau s'engage à donner en mariage, d'ici à huit ans, l'un de ses trois fils, nommés Guillaume, Randon et Astorge d'Apchier, à l'une des trois filles de Valentin de Chanaleilles, nommées Isabelle, Almodie et Guinette; et cet acte, dit Chambron, existe parmi les titres du château d'Aubenas, où eut lieu le traité. Le mariage eut lieu, en effet, sept ans plus tard; et par contrat passé à Aubenas, le 22 mars 1417, jour anniversaire de la mort de son père, et par-devant Jean Astio, notaire, Guillaume II d'Apchier, fils aîné de Guy d'Apchier et seigneur de Chanaleilles, épousa Isabelle de Chanaleilles, fille aînée de Valentin de Chanaleilles, chevalier, seigneur de Vals, de la Valette et d'Ucel, près d'Aubenas, à qui son père donna 2,000 livres tournois pour dot. Elle mourut en 1444.

Ici s'arrêtent les données de l'abbé Chambron, et c'est d'après Chérin que nous donnons la suite de la généalogie de la maison de Chanaleilles en la continuant jusqu'à notre époque.

XX *bis*. Valentin de Chanaleilles, premier du nom, damoiseau, seigneur de Vals, du Pin, de La Valette et d'Ucel, près d'Aubenas, accompagna, en 1382, Louis, duc d'Anjou, oncle du roi Charles VI, dans l'expédition que ce prince fit en Italie pour conquérir le trône de Naples, auquel il était appelé par l'adoption de la reine Jeanne. Louis fut le chef de la seconde maison de Naples et périt dans son expédition en 1384. Valentin de Chanaleilles, de retour en France, rendit hommage, le 12 septembre 1384, à Albert de Cadris, coseigneur d'Entraigues et d'Asperjoc. Il épousa Isabelle du Bosc [1], fille de noble homme Pierre du Bosc, auquel Valentin de Chanaleilles donna une quittance dotale de soixante et dix francs d'or au coin du roi, par acte passé devant Jean Pouhet, notaire, le 25 juin 1387. Il rendit hommage-lige à Louis, seigneur de Montlaur et d'Aubenas, par-devant Jacques Stevenin, notaire public d'Aubenas, le 22 avril 1404, et ne vivait plus le 20 novembre 1422. Ses enfants furent :

1° Pierre, dont l'article suit;

2° Isabelle de Chanaleilles, qui épousa Guillaume d'Apchier, comme il est dit plus haut;

3° Almodie de Chanaleilles, mariée, par traité passé devant Garin, notaire, le 20 novembre 1422, avec Pierre de Monjoc, fils de noble Astorg de Monjoc. Elle fut

1. Armes du Bosc : d'argent, à trois arbres de sinople.

assistée de Pierre de Chanaleilles, son frère, qui lui constitua en dot 1,640 livres tournois;

4° Guinette de Chanaleilles, mariée, par traité passé devant Textoris, notaire, le 13 janvier 1434, à Claude de Prunet, fils de noble Louis de Prunet, du lieu de La Voute, au diocèse de Viviers. Pierre de Chanaleilles lui constitua en dot 700 florins.

XXI. Pierre de Chanaleilles, qualifié magnifique et puissant homme, chevalier, seigneur du Pin, de Vals, d'Ucel et de La Vallette, grand bailli d'épée du Vivarais et du Valentinois. Ce fut en récompense de son dévouement et de ses services que le roi Charles VII réunit, en 1437, la charge de bailli d'épée du Valentinois à celle du Vivarais, dont il était déjà en possession depuis 1427. Il rendit hommage et prêta serment de fidélité, le 23 août 1427, à Philippe de Lévis, seigneur de La Roche en Reynier, par-devant Eustache Valentin, notaire; passa un compromis, le 15 août 1456, avec Pierre de Carrière, fils de Jean, de la paroisse de Fabras; est nommé dans un acte passé au château de Meyras, devant Teyssier, notaire, le 11 avril 1456, par lequel Agnès de Chanaleilles, sa fille, renonça en faveur de l'héritier qu'il devait instituer à tous ses droits sur les successions paternelle et maternelle, au moyen de la somme de 800 florins d'or qu'il lui avait constitués en dot. Cet acte fut passé en présence d'Antoine de Lévis, comte de Villars, Barthélemi du Bourg-Saint-Andéol, docteur en théologie, official de Nîmes, Guillaume du Bourg-Saint-Andéol, docteur ès lois, lieutenant du sénéchal de Beaucaire et de Nîmes, noble Olivier de Caritat, etc., etc. Le 6 décembre de la même année, 1456, le roi Charles VII accorda des lettres d'attribution de causes à son féal chevalier noble Pierre de Chanaleilles, seigneur du Pin et de Vals et ce monarque lui écrivit pour le remercier des services qu'il lui avait rendus à la tête de ses vassaux. Il est nommé dans un acte du 6 août 1458; fit une vente le 17 février 1462, et ne vivait plus le 9 avril 1478. Il avait épousé noble Agnès de Castrevieille, et fut père de :

1° Valentin de Chanaleilles, deuxième du nom, seigneur du Pin et de Vals, qui fit hommage-lige à François, seigneur d'Apchier, le 9 avril 1478. Par acte du 20 octobre 1486, il arrenta, pour six années, à l'honorable maître Raymond Roche, époux de noble Isabelle de Monjoc, fille et héritière de noble Laurent de Monjoc, tous les cens qu'il percevait sur les hommes de son mas de La Valette; il ne vivait plus le 15 février 1501, et eut pour enfants :

A. Émeraud de Chanaleilles, écuyer, seigneur du Pin, et en partie du château de Vals, qui était au service du roi, en Italie, le 15 février 1501, époque à laquelle Guillaume de Chanaleilles, son oncle, rendit un hommage en son nom. Il mourut sans alliance;

B. Marguerite de Chanaleilles, qui était veuve de noble homme Jacques de Madières, seigneur d'Aubaignes, près de Lodève, lorsqu'elle transigea avec Balthazar de Chanaleilles, son cousin-germain, le 18 mars 1515;

C. Clémence de Chanaleilles;

D. Claude de Chanaleilles;

E. Jeanne de Chanaleilles;

F. Miracle de Chanaleilles;

Ces quatre derniers sont nommés dans la transaction du 18 mars 1515. On ignore leur destinée ultérieure.

2° Guillaume V, qui continue la postérité, et dont l'article suit;

3° Miracle de Chanaleilles, mariée en 1427, à Barthélemi de Vincens de Mauléon, baron de Brantes, seigneur de Causaus, de Savoillans, de Saint-Léger et de La Garde-Paréol, fils de Jacques de Vincens de Mauléon, seigneur de Causans, et d'Argentine de Verchères (*Hist. de la Noblesse du comté Venaissin, par Pithon-Curt*, t. III, p. 558);

4° Hélips de Chanaleilles, mariée, par contrat passé devant La Roche, notaire à Viviers, le 15 juin 1442, avec Olivier de Caritat, troisième du nom, seigneur de Camaret, de Rousset et de Saint-Pantaly, au comtat du Pègue et d'Alençon, en Dauphiné. (*Hist. de la Noblesse du comté Venaissin*, par *Pithon-Curt*, t. IV, p. 616). Ce mariage fut célébré à Viviers, dans la maison de Jean de Claris;

5° Agnès de Chanaleilles, mariée, avant le 11 avril 1456, avec noble Perceval du Bourg-Saint-Andéol, du lieu de Piolenc, au delà du Rhône, au diocèse d'Orange.

XXII. Guillaume V de Chanaleilles, écuyer, bailli du lieu et mandement de Jaujac, au diocèse de Viviers, assista comme arbitre à un traité passé, le 10 décembre 1482, entre noble et puissant seigneur messire Guillaume d'Arlempde, seigneur de Courcelles, et noble homme Hilaire, seigneur de Castrevieille, passa une transaction par-devant Anglat, notaire de Lanas, le 27 juin 1407, avec nobles et puissants hommes Philippe de Balasuc, seigneur de Montréal, coseigneur de Jaujac, et Antoine de Balasuc, son fils; rendit hommage-lige, au nom d'Émeraud de Chanaleilles, le 15 février 1501, à magnifique et puissant homme Jacques, seigneur d'Apchier et de La Gorce, de ce qu'il tenait de lui en fief franc, dans les lieux et mandements de La Gorce et de Valon, ainsi et de la même manière que l'avait fait, le 29 mars 1473, Pierre, son père, aïeul du même Émeraud. Guillaume de Chanaleilles ne vivait plus le 18 mars 1515. Il épousa

Marguerite de Cadris, et eut pour fils Balthazar, qui suit :

XXIII. Balthazar de Chanaleilles, écuyer, seigneur du Pin et de Fabras, bailli du lieu et mandement de Jaujac, était marié avec noble Gabrielle de Crochans du Bourg-Saint-Andéol, du lieu de Piolenc, diocèse d'Orange, lorsqu'il transigea, le 18 mars 1515, devant Pierre de Vals, notaire royal, avec Marguerite de Chanaleilles, sa cousine-germaine, veuve de noble Jacques de Madières, au sujet de ses droits légitimaires. Ces deux époux reçurent, le 10 mai 1516, une quittance de la somme de cent livres tournois, qu'ils avaient payée à noble Barthélemi Johannini, seigneur d'Aulaignes, au diocèse de Lodève, mari de noble Gabrielle de Madières, fille et donataire de noble Marguerite de Chanaleilles. Balthasar, donna, le 9 mars 1539, le dénombrement de ce qu'il tenait en fief franc et noble dans les mandements de Jaujac, de Meyras et ailleurs sous l'hommage et la seigneurie de M. le comte de Ventadour, seigneur de la Voute, de Meyras et de Jaujac, et fit son testament dans la salle de la maison du Pin, par-devant Pierre de Laval, notaire royal, le 4 février 1540, par lequel il élut sa sépulture en sa chapelle de l'église de Fabras. Ses enfants furent :

1° Bernard de Chanaleilles, marié avec Nicole de La Garde de Chambonas, mort sans postérité avant le 26 avril 1565 ;

2° Hilaire, qui continue la lignée, et dont l'article suit ;

3° François de Chanaleilles, légataire de cent livres, le 4 février 1540 ;

4° Louise de Chanaleilles, femme de Claude du Bois, du lieu de Meyras, légataire de son père ;

5° Marguerite de Chanaleilles;

6° Jeanne de Chanaleilles, citée dans un acte, reçu par Falcon, notaire, du pénultième de juin 1569, comme ayant été marraine de la cloche de l'église de Faï-le-Froid, dont le parrain fut Jean de Rhulier, laquelle cloche fut bénie par Antoine de Senneterre et Jean de Senneterre son neveu, en présence de Balthazar de Chanaleilles, père de ladite Jeanne;

Ces deux dernières, légataires chacune de deux cents livres payables le jour de leur mariage.

Enfants naturels :

7° Antoine de Chanaleilles;

8° Jean de Chanaleilles,

Auxquels leur père légua la nourriture et l'habillement, voulant, en outre, que Jean fut élevé aux écoles, pour apprendre science et doctrine.

XXIV. Hilaire de Chanaleilles, écuyer, seigneur du Pin et de La Valette, épousa, par contrat passé le 26 juillet 1556, devant Claudet Ardit, de Saint-Laurent, et Claude de Laval, de Jaujac, notaires royaux, Claude d'Agrain, fille de feu Gaspard d'Agrain, seigneur des Ubaz, et de Marguerite de Prunet, laquelle constitua à sa fille neuf cent livres tournois en dot, et cent vingt livres pour ses robes et habillements nuptiaux [1]. Hilaire de Chanaleilles fit, le 10 février 1563, son testament, par-devant François de Langlade, notaire royal de Jaujac, et un codicille, le 28 avril 1565, par devant Gilbert de Langlade, fils de feu François de Langlade, par lequel

1. La maison d'Agrain vient de s'éteindre. Elle descendait d'Eustache d'Agrain, prince-duc de Sidon et de Césarée, vice-roi et connétable du royaume de Jérusalem, à la première croisade. Le chef de nom et d'armes de la maison de Chanaleilles pourrait seul aujourd'hui relever ce titre.

il choisit sa sépulture dans la chapelle de la maison du Pin, en l'église de Fabras. Il fut père de :

1° Jean de Chanaleilles, mort sans postérité;

2° Gaspard de Chanaleilles, écuyer, seigneur de la Saumès, auteur de la branche de la Saumès, rapportée plus loin;

3° Balthazar de Chanaleilles, deuxième du nom, écuyer, seigneur du Pin, qui fit son testament le 6 juin 1625. Il avait épousé, le 2 octobre 1583, Louise de Castrevielle, de laquelle il eut :

A. François de Chanaleilles, seigneur de la Valette, baron de Retourtour et des États du Vivarais, marié en 1612 avec Anne de Tournon du Vergier, de laquelle il n'eut que deux filles, savoir :

a. Louise-Geneviève de Chanaleilles, mariée le 26 décembre 1630, par contrat passé devant Escoffier, notaire royal à Lamastre, et d'après dispense du Pape, avec son cousin-germain François-Christophe de Tournon, chevalier, seigneur de Mayres, de Desaignes et du Vergier, baron de La Mastre, fils de François de Tournon, *dit* de Mayres, chevalier, seigneur de Mayres et de Rouveyrolles, et de Suzanne de Barjac, sa première femme; il fut stipulé dans le contrat de mariage qu'il prendrait le nom et les armes de Chanaleilles, ainsi que leur postérité;

b. Félicie de Chanaleilles, mariée, le 18 février 1642, avec César de Lestrange, chevalier, seigneur de Groson, fils de Jean de Lestrange, chevalier, seigneur du même lieu;

B. Gabrielle de Chanaleilles, mariée à noble Samuel de Tayssier, seigneur du Roux, veuve en 1628;

4° Jean-Claude de Chanaleilles, dont l'article suit;

5° Marguerite de Chanaleilles, légataire de son père, le 10 février 1563, mariée avec Jean de Rostaing.

Fille naturelle :

6° Françoise de Chanaleilles, à laquelle son père fit un legs le 10 février 1563.

BRANCHE DES SEIGNEURS DU VILLARD

MARQUIS DE CHANALEILLES

XXV. Jean-Claude de Chanaleilles, seigneur du Buisson, quatrième fils d'Hilaire de Chanaleilles, seigneur du Pin et de La Valette (dite aujourd'hui le Villard), et de Claude d'Agrain des Ubaz, fut légataire de son père, par le codicille fait le 26 avril 1565, dans lequel Hilaire de Chanaleilles dit qu'il lui est né un fils depuis le testament qu'il avait fait en 1563, et qu'il lui lègue pareille somme qu'à ses frères [1], Jean-Claude de Chanaleilles usa de son influence dans l'Auvergne et dans le Vivarais, pour rendre de grands services au roi Henri IV. Ce monarque lui écrivit souvent lui-même de sa main pour les reconnaître et l'en remercier. Plusieurs de ces lettres autographes de Henri IV sont conservées dans les archives du marquis de Chanaleilles. Elles sont imprimées dans le recueil publié sous les auspices du gouvernement, par M. Berger de Xivrey, membre de l'Académie des inscriptions et belles-lettres, ouvrage qui fait partie de la collection des documents inédits relatifs à l'histoire de France. Voici quelques-unes de ces lettres, textuellement rapportées :

1. C'est par erreur qu'il a été mentionné comme posthume par le baron d'Aubais dans les jugements de maintenue de la noblesse du Languedoc, qu'il a imprimé à la fin du deuxième volume de l'ouvrage intitulé : *Pièces fugitives pour servir à l'histoire de France*, 3 volumes in-4. 1759.

Lettre autographe de Henri IV à Monsieur de Chanaleilles

Monsieur de Chananeylles, je vous fes ce mot par le sieur Barthélemy, que je vous ranvoye contanté de tout poynt en votre faveur. Il a charge de vous dyre ce que j'atans de votre afectyon pour haster la persuasyon du conte de Clermont. Ce m'est de grande ymportanse et urgense dans cet estat des afères de Lyon. Conférés au plus tost avec Lafyn, quy va passer dans vos quartyers. Surtout ne ménagés vos bons advys et votre crédyt à l'endroyt de la comtesse[1]. Je say qu'elle peut beaucoup pour le résoudre et tyrer la bryde à bien. Adieu, Monsieur de Chananeylles, je m'an remets du tout sur votre dévotyon ordynère pour le byen de mon servyse.

A Vernon, ce xme décembre.

Votre plus afectyoné amy,
HENRY.

Autre lettre autographe de Henri IV
à Monsieur de Chanaleilles.

Monsieur de Chananeylles, j'ay antandu le grant et fidèle devoyr que vous avés fayt pour mayntenyr la vylle de Monferrant an mon obéyssance. Je vous says très bon gré de vos offyces an cette occasyon, et m'asseure de votre prudence pour prendre toutes autres bonnes dysposytyons que vous verres estre nécesseres. C'est surtout ceux de la noblesse qu'yl est besoyn d'atyrer et entretenyr an bone dévotyon. Je say combyen le marquys de Saynt-Sorlyn les pratyque. Les eschevyns, dyt-on, me sont tout acquys. Mandès moi ce qu'an pansés, et toutes autres nouvelles. Adyeu, Monsieur de Chananeylles, persévérés dans votre méryte et asseurés vous du desyr qu'a de le reconoytre par bons effets.

Votre plus asseuré amy,
HENRY.

Autre lettre autographe de Henri IV
à Monsieur de Chanaleilles.

Monsieur de Chananeylles, j'ay esté très ayse d'antandre

1. C'est peut-être de la comtesse Corisandre de Grammont que Henri IV veut parler ici; ou plutôt de la comtesse de Clermont, avec laquelle Jean-Claude de Chanaleilles était lié particulièrement.

par le sieur de Lubersac la bone assystanse que vous lui avés fete dans son antrepryse et le zèle que vous aportés en toutes occasyons au byen de mes afères. Par quoy, outre l'honneur que vous acquérés, en ce fesant, vous devés espérer part dans ma bonne grâce et prandre asseurance que je ne seray jamès mécognoyssant de vos servyses. Je vous prie de demeurer par dellà avec le sieur Lanocle, jusqu'à perfection des afères dont yl a charge et croyés que je vous sauray autant gré de ce que vous ferés par della que si le fesyés à ma vue. C'est

Votre plus assuré amy,

HENRY,

Lettre autographe de Henry IV, au sujet de Monsieur de Chanaleilles. adressée à Monsieur de Saint-André, et transmise par celui-ci à Monsieur de Chanaleilles.

Monsieur de Saint-André, pour ce que j'ay toute asseurance et expéryence du méryte du sieur de Chananeylles, je vous prye luy communyquer le double de votre ynstructyon, ansamble du chyfre que vous avés de moy, afyn que s'yl survyent par devers luy chose quy requyert prompt advys, yl me le puysse donner aussytost, ou a monsieur le connestable. Je vous prye luy dire par mesme occasyon le contantement que j'ay de sa conduyte et afectyon à mon servyse, et que mon yntentyon est de le reconnoytre an bref, an nommant le dyt sieur de Chananeylles l'un des jantilshommes ordinères de ma chambre[1], ce quy le doyt ancore plus partyculièrement angager d'advancer sa nécocyation à bon terme. Ne fayllés au reste de me mander au plus tost des nouvelles de dellà, et assurés vous tousjours de la bone volonté de

Votre byen afectyoné metre et amy

HENRY

Lettre de Henri IV à Monsieur de Chânaleilles, dictée à son secrétaire Forget et signée par le roi.

Monsieur de Chananeylles, avec la commodité qui se présente du sieur de Bonnevie, s'en retournant par delà, je n'ay

1. Il refusa cette place de cour et préféra conserver son influence et son indépendance en province.

voulu faillir de vous faire ce mot, pour que vous scachiez le contentement que j'ay eu du bon devoir que vous fistes en la réduction des places que les ennemis occupoient au gouvernement de mon cousin le comte de la Voulte. En quoy je vous prye continuer et ne poinct vous lasser de bien faire, et j'ay bien voulu vous faire cesteci pour vous ordonner de vous rendre près de mondit cousin, au premier mandement qu'il vous en fera, pour entendre ce qu'il vous dira de ma part pour mon service, en quoy vous l'assisterez de tout votre pouvoir; et m'asseurant que vous ne voudrez manquer à cette occasion qui sera belle pour acquérir surcroit de réputation et d'honneur, je prieray Dieu, Monsieur de Chananeilles, vous avoir en sa sainte garde. Escript au camp de Gisors, le seizième jour d'octobre 1590.

HENRY.

FORGET.

Jean-Claude transigea, ainsi que Balthazar, avec Gaspard de Chanaleilles, leur frère aîné, le 13 novembre 1614, au sujet de leurs droits légitimaires, et se maria, par contrat passé devant Jacques Mathieu, notaire royal de l'ancienne retenue de Jaujac, le dernier février 1619, avec Claudine de La Tour des Bains [1], fille de Claude de La Tour des Bains, seigneur du Cros, et de Gabriel de Gonschal. Jean-Claude testa le 1er avril 1629, et fut père de :

1° Claude, dont l'article suit;

2° François de Chanaleilles, seigneur du Buisson, de Chaix de Beaufort, etc., demeurant à Villeneuve-de-Berg, marié, le 19 décembre 1655, avec Gabrielle de Tessier de Salras, dont il eut :

A. Catherine de Chanaleilles, mariée, par contrat du 5 février 1693, avec François d'Hautefort de Lestrange

1. Armes de La Tour des Bains : d'or à la tour de gueules, maçonnée de sable.

de Gontaut, seigneur de Montréal, de Joannas, etc., fils de Gabriel de Hautefort, chevalier, baron de Lestrange, seigneur de Montréal et de Joannas, et de Marie de Balazuc;

3° Joseph-Benjamin de Chanaleilles, seigneur de Lassagnes, y demeurant;

4° Anne-François de Chanaleilles, seigneur de la Croze, y demeurant, maintenu dans sa noblesse avec ses frères, le 6 mars 1670. Il épousa, en 168.., N. de Langlade, fille de Paul de Langlade et d'Aimée de Bonneval, et il en eut deux fils, qui formèrent une branche, appelée de Bellenave, dont on ignore la descendance.

XXVI. Claude de Chanaleilles, écuyer, seigneur du Villard (ci-devant la Valette), de Villeneuve, de Ranc, de Saint-Cyrgues, de Veyrières, de La Tayre, etc., demeurant au château de Villeuve, capitaine dans le régiment de Roussillon en 1642, épousa : 1° le 20 novembre 1647, Isabeau de Reinaud; 2° par contrat passé au château de Villard, devant Laffare, notaire royal de Saint-Cyrgues-en-Montagne, le 4 juillet 1555, Marie de Langlade[1], fille de Scipion de Langlade, seigneur et baron des Éperviers, et de Louise de Teyssier de Salras. Marie de Langlade[1] ne vivait plus le 14 septembre 1700[2]. Ils eurent le fils unique qui suit :

1. Armes de Langlade : parti au 1 d'azur, à l'aigle d'or; au 2 d'hermine.

2. La baronnie et seigneurie des Eperviers passa par cette alliance dans la maison de Chanaleilles, avec les ruines du château de Ventadour, qui avait été détruit en 1626, dans les guerres de religion. Ce château avait été fondé vers l'an 1200, par Guigon, seigneur de La Roche en Reynier, en Velay, qui épousa Jordane de Montlaur, et vint se fixer en Vivarais. Il passa ensuite par une alliance dans la maison de Lévis-Ventadour, qui le conserva longtemps, et dont il prit le nom. Plus tard, il appartenait à la maison de Langlade, qui le porta ainsi à celle de Chanaleilles, avec la baronnie des Eperviers.

XXVII. Eustache de Chanaleilles, seigneur du Villard, de Villeneuve, du Roux et autres places, baron des Épervlers, avait épousé, par contrat passé au château de Banas, devant Mienneuf et Maspetit, notaires royaux, le 14 septembre 1700, Marie-Françoise de Monteil[1], fille de Jean de Monteil, deuxième du nom, seigneur de La Faurie, de Saint-Quentin, de Banes, de Saint-Vincent de Durfort, coseigneur de Bouçieu-le-Roi, etc., colonel d'un régiment d'infanterie de son nom, et de Marie de Chambaud, dame de Banas. Ce mariage fut célébré en présence de Thomas Alberti, de Viguier de Bagnols, de Louis de La Baume, seigneur de Suze, d'Étienne Girost, gouverneur d'Orange, etc., dans la maison de Jean de Claris, à Viviers. Eustache avait fait son testament le 8 mai 1710, et mourut brigadier d'infanterie, après avoir commandé le régiment de Piémont comme colonel et ayant servi aux armées d'Italie, du Rhin et de la Moselle pendant les campagnes de 1734. (Annuaire militaire de 1735, intitulé *Second abrégé de la carte militaire de France*, Paris, 1735). Il fut père de :

1° Charles, dont l'article suit;

2° Hyacinthe de Chanaleilles, capitaine dans le régiment de Berry, tué au siége de Prague, en 1741. Il avait la taille de six pieds un pouce, chose remarquable, et

1. Armes de Monteil : d'azur, au griffon d'argent, becqué, langué et armé de gueules. Marie-Françoise de Monteil était tante du vicomte de Monteil, capitaine-colonel des Cent-Suisses de la garde de monseigneur le comte d'Artois, à l'époque de la révolution, lequel avait pour frères le marquis de Monteil, lieutenant général des armées du roi, anciennement ambassadeur en Pologne, et le baron de Monteil, vice-amiral des armées navales, tous les trois morts sans postérité. Le vicomte avait épousé mademoiselle de Lévis-Mirepoix, et le baron mademoiselle de Sabran. Cette maison est aujourd'hui éteinte.

fut blessé mortellement d'une balle reçue à la tête, au milieu du front;

3° Juliette de Chanaleilles, qui vivait le 11 septembre 1724.

XXVIII. Charles de Chanaleilles, chevalier, titré marquis de Chanaleilles, seigneur de Villard, de Villeneuve, du Roux et autres places, baron des Éperviers, avait épousé, par contrat passé au château de Mathias, paroisse de Fay, devant Rivière, notaire royal, le 11 septembre 1724, Madeleine de Chambarlhac [1], fille de feu messire Charles de Chambarlhac, chevalier, seigneur de Fontmourette, du Monteillet et autres places, et de dame Madeleine de Rajon; elle fut assistée à ce contrat par messire Antoine Odde de La Tour-du-Villan, et par messire Guillot-Joseph de La Bastie, seigneur de Rulhier, ses oncles. Il avait servi longtemps et fut fait maréchal de camp le 1er août 1734, ayant été blessé à l'attaque des lignes d'Ettlingen, en Allemagne, le 5 mai de la même année. Il laissa pour enfants :

1° Joseph-Guillaume, qui suit;

2° Marie-Suzanne de Chanaleilles, appelée mademoiselle de Fontmourette;

3° Madeleine de Chanaleilles, mariée, le 30 juin 1748, à Louis-Charles de La Motte Chalendar.

XXIX. Joseph-Guillaume de Chanaleilles, marquis de Chanaleilles, chevalier, seigneur du Villard, de Montpezat, du Roux, du Colombier, de Collanges, de Prunerolles, de Ventes et autres places, capitaine de dragons au régiment de Septimanie, fit son testament olographe à Aubenas, le 19 août 1767. Il avait épousé, par contrat passé devant Joseph-Simon-Michel Gollier,

1. Armes de Chambarlhac : d'azur au chevron d'or, accompagné de trois colombes d'argent, becquées et membrées de gueules.

notaire apostolique à Avignon, Marie-Agathe de Durand de Rilly [1], qui mourut victime du tribunal révolutionnaire d'Orange, le 16 thermidor an II (3 août 1794), pour avoir correspondu avec ses deux fils, émigrés, et qui était fille de haut et puissant seigneur messire Joseph de Durand, chevalier, seigneur de Rilly et de Villeblain, et de haute et puissante dame Laure-Lucrèce de Magnin de Gaste. De ce mariage sont issus :

1° Charles-François-Guillaume, dont l'article suit;

2° Louis-Charles-Isidore de Chanaleilles, reçu, en 1787, chevalier de justice de l'ordre de Saint-Jean de Jérusalem, *dit* de Malte, qui a servi en qualité d'enseigne sur les vaisseaux de son ordre;

3° Joséphine-Madeleine-Benoîte de Chanaleilles, à laquelle sa grand'mère légua 10,000 livres; mariée en.... à N. de Laulanhier;

4° Laure-Émilie-Madeleine de Chanaleilles;

5° Louise-Madeleine-Charlotte de Chanaleilles.

XXX. Charles-François-Guillaume de Chanaleilles, marquis de Chanaleilles, de Montpezat, du Villard, de Chambonas, baron des Éperviers, etc., reçu, en 1794, chevalier de justice honoraire ou non-profès, dans l'ordre de Saint-Jean de Jérusalem, *dit* de Malte, pair de France, ancien capitaine des vaisseaux du roi, chevalier de l'ordre royal et militaire de Saint-Louis, officier de la Légion d'honneur, membre du conseil général de l'Ardèche, lequel a épousé, en 1807, Marie-Josèphe-Rose de Carrère [2], fille de Messire-Pierre-Jacques de

1. Armes de Rilly : d'argent, à trois maillets de gueules. Cette maison est aujourd'hui éteinte.

2. Armes de Carrère : coupé au 1 d'azur, à trois trèfles rangés d'or; au 2 de gueules, à l'ancre d'argent, le trabe d'or; à la fasce en divise d'argent, chargée de cinq losanges de sable.

Carrère, et de Marie-Josèphe-Rose de Diant. De ce mariage sont issus :

1° Sosthènes de Chanaleilles, dont l'article suit :

2° Gustave-Adolphe, comte de Chanaleilles, lieutenant colonel d'infanterie du 68e de ligne, chevalier de la Légion d'honneur et de l'ordre de Pie IX; marié le 18 novembre 1853, à Marie-Louise-Napoléone-Ofrésie de Las Cases[1], fille du comte de Las Cases et d'Henriette de Kergariou; mort sans enfants en 1682;

3° Adolphe-Gustave, comte de Chanaleilles, général d'infanterie, commandeur de la Légion d'honneur, frère jumeau du précédent, marié en avril 1850, à Blanche d'Andlau[2].

XXXI. Sosthènes de Chanaleilles, marquis de Chanaleilles, de Montpezat et de Chambonas, baron des Éperviers, ancien page du roi Louis XVIII, retraité lieutenant colonel du 4e régiment de chasseurs d'Afrique, officier de la Légion d'honneur, et ancien membre du conseil général de l'Ardèche, lequel a épousé, à Paris, le 29 mai 1832, Marie-Victurnienne-Stéphanie des Balbes de Berton de Crillon[3], seconde fille du duc de Crillon, pair de France, maréchal de camp, grand-officier de la Légion d'honneur, et de Zoé de Rochechouart de Mortemart, duchesse de Crillon. Madame la marquise de Chanaleilles a été dame d'honneur de S. A. R. madame la duchesse d'Orléans. De ce mariage sont issus :

1° Félix-Hélye de Chanaleilles, décédé le 15 mai 1853, à l'âge de 18 ans ;

2° Marie-Isabelle de Chanaleilles, mariée au marquis de Marcieu, dont elle a trois fils.

1. Armes de Las Cases : d'or à la bande d'azur, à la bordure de gueules, au franc-quartier des comtes de l'empire.

2. Armes d'Andlau : d'or à la croix de gueules.

3. Armes de Crillon : d'or, à cinq cotices d'azur.

BRANCHE DES SEIGNEURS DE LA SAUMÈS

MARQUIS DE LA SAUMÈS

XXVI. Gaspard de Chanaleilles, écuyer, seigneur du Pin, de la Saumès, de Jagonas et autres lieux, deuxième fils d'Hilaire de Chanaleilles et de Claude d'Agrain des Ubaz, fut capitaine d'une compagnie de cent hommes de pied, par commission du 11 mars 1587, et transigea avec ses frères Balthazar et Jean Claude le 16 novembre 1614. Il fit deux testaments, le premier devant Rodilh, notaire royal, le 28 mars 1617, et le second, devant Burelli, notaire royal, le 12 octobre 1626, par lesquels il voulut être inhumé en sa chapelle, fondée à l'église de la Blachère, au tombeau de ses prédécesseurs de la maison de la Saumès. Il avait épousé : 1° par contrat du 26 novembre 1589, passé devant Jean du Serre, notaire royal de la ville de Joyeuse, Catherine de Borne[1], dame de la Saumès, qui lui porta la terre de ce nom, et dont il n'eut point d'enfants. Elle était fille de Charles de Borne, seigneur de la Saumès, au mandement de Joyeuse, et de Catherine de la Balme, et veuve d'Anne de Rozilhes, seigneur de Laurac; et 2° par contrat passé devant le même Jean du Serre, le 22 novembre 1601, il épousa en deuxièmes noces Jeanne de Rozilhes, fille de feu Guillaume, seigneur de Rozilhes et de Laurac, et de Jeanne de Budos. Cette dernière était fille de Jean de Budos, marquis de Portes, et de Louise de Porcelet, et sœur de Louise de Budos, mariée, le 19 mars 1593, à Henry, duc de Montmorency, pair et connétable de France, dont la fille, Marguerite de Montmorency, épousa, le 3 mars 1609,

1. Armes de Borne de la Saumès : d'or à l'ours de sable, lampassé et armé de gueules.

Henri de Bourbon, prince de Condé [1]. Jeanne de Rozilhes fit son testament devant Pascal, notaire de Joyeuse, le 3 septembre 1632, étant alors veuve de Gaspard de Chanaleilles. De ce dernier mariage sont issus :

1° Claude de Chanaleilles, deuxième du nom, écuyer, seigneur de la Saumès, baron de Jagonas. Il était capitaine au régiment de Languedoc, le 3 décembre 1632 ; obtint une compagnie dans le régiment du Roure, en 1636, et servit au siége de Fontarabie et au secours de Salces, ainsi que l'atteste un certificat du prince de Condé, du 20 octobre 1639. Il avait épousé : 1° par suite d'accord fait par son père, le 3 novembre 1610, Marguerite de Saint-Haon, fille de noble Claude, seigneur de Saint-Haon, de Jagonas en partie et autres places, et d'Antoinette de Gaultier ; 2° Catherine de Roquard [2], fille de Jacques de Roquard, coseigneur de la Garde-Paréol et de la Motte, chevalier de l'ordre du roi, gentilhomme ordinaire de la chambre de Louis XIII, conseiller d'État, et d'Antoinette Montfaucon de Lévis. Claude de Chanaleilles n'ayant point d'enfant, fit son testament, le 18 décembre 1639, en faveur de sa mère et de Guillaume, son frère ;

2° Guillaume III, qui continue la lignée et dont l'article suit ;

3° Joachim de Chanaleilles, qui fut reçu au nombre

1. Par cette alliance, Gaspard de Chanaleilles devint neveu du connétable de Montmorency et cousin-germain du prince de Condé ; et Jean-Louis de Chanaleilles, comte de la Saumès, qui fit les preuves de cour en 1785, se trouva parent, du septième au huitième degré, avec monseigneur le prince de Condé et monseigneur le prince de Conti.

2. Catherine de Rocquard épousa en secondes noces, le 1er mars 1642, Guy Pape, baron de Saint-Auban et de Sahune, en Dauphiné, et fut nommée, par brevet du 9 décembre 1658, dame d'honneur de la reine Anne d'Autriche.

des pages du grand-maître de l'ordre de Malte, suivant la commission nommée pour ses preuves, le 4 juin 1624;

4° Antoine-Hercule de Chanaleilles, seigneur de Servières, qui était enseigne de la compagnie colonelle du régiment du sieur de Castrevielle, en garnison à Montauroux, en Provence, lorsqu'il fit son testament, le 28 novembre 1636;

5° Catherine de Chanaleilles, légataire de son père le 28 mars 1617, et de sa mère, le 3 septembre 1632, mariée le 8 février 1658, à Antoine des Arcis, seigneur de Colonges.

XXVII. Guillaume de Chanaleilles, qualifié haut et puissant seigneur, ainsi que les aînés de ses descendants, chevalier, comte de La Saumès, baron de Jagonas et du Sault, seigneur de La Charve, de Baubiac, de Vernon et autres lieux, capitaine d'une compagnie de cent hommes de pied au régiment du sieur de la Vernède, par commission du 31 juillet 1632, fut maintenu dans son ancienne extraction noble, par ordonnance de M. Bazin de Bezons, intendant en Languedoc, rendue à Montpellier, le 6 mars 1670, et fit son testament en son château de La Saumès, devant Motte, notaire royal, le 13 décembre 1678, testament par lequel il voulut être inhumé au tombeau de ses prédécesseurs, dans la chapelle qu'ils avaient fondée en l'église paroissiale de Saint-Julien de La Blachère. Il avait épousé, par contrat passé au Bourg-Saint-Andéol, le 26 septembre 1655, devant Étienne Motte et Antoine Espiard, notaires royaux, Jeanne de Gabriac de Rouchon [1], qui testa au château de La Saumès, le 15 juillet 1714, fille de Joachim de Gabriac, *dit* de Barjac,

1. Armes de Gabriac, de gueules, à sept losanges d'or.

seigneur du Sault, coseigneur du Bourg-Saint-Andéol et de Saint-Marcel d'Ardèche, et de feue Françoise de Banes d'Avejau. Leurs enfants furent :

1° Guillaume-Joseph de Chánaleilles, premier du nom, chevalier, comte de La Saumès, baron de Jagonas, du Sault et autres places, décédé avant le 24 mars 1701, lieutenant du roi en la province de Languedoc, sans enfants du mariage qu'il avait contracté avec Antoinette de Charreton, veuve en premières noces de Jean-Baptiste de Hilerin, chevalier, seigneur de Bazoches, conseiller au Parlement.

2° Jean-Baptiste, qui continue la lignée et dont l'article suit;

3° Jeanne-Marie de Chanaleilles, demoiselle de La Saumès, à laquelle son père légua 10,000 livres;

4° Gabrielle de Chanaleilles, qui, ainsi que ses sœurs Marie et Jeanne, eut un legs de 10,000 livres;

5° Marie de Chanaleilles, mariée à Guillaume de Ginestous, coseigneur de Vernon, fils d'Anne de Ginestous, seigneur de Vernon, et de Diane de Goys de Corbières. Elle ne vivait plus lors du testament de sa mère;

6° Jeanne de Chanaleilles, veuve en 1718, de Jean-Louis de Pons, chevalier, coseigneur de la Garde-Paréol et de La Motte;

7° Marie-Anne de Chanaleilles, religieuse au couvent des Urselines du Bourg-Saint-Andéol, en 1678.

XXVIII. Jean-Baptiste de Chanaleilles, troisième du nom, comte de La Saumès, seigneur et baron de Jagonas, du Sault, du Pouget, coseigneur du château et mandement de Vernon, de la ville des Vans, du mandement de Naves, de Casteljau et autres places, fut connu, du vivant de son frère aîné, dont il devint héritier, sous le nom de *Chevalier de La Saumès*. Il servait depuis deux ans et neuf mois dans la première compagnie des mousquetaires, lorsque le roi lui donna, le 26 avril 1693, une compagnie de cavalerie au régiment de Fiennes. Il était lieutenant du roi de la province du Languedoc, au département du Haut-Vivarais et du Velay [1], lorsqu'il transigea, le 24 mars 1701, avec Antoinette de Charreton, sa belle-sœur, sur la liquidation de ses droits. Par contrat passé à Largentière, le 23 juin 1701, devant Antoine Chaunac et Rostaing Boyer, notaires royaux, le comte de La Saumès épousa Louise de Largier [2], fille de noble Jean de Largier et de feue dame Marie de Doriple. Ils firent leur testament mutuel au château de La Saumès, devant Salel, notaire royal, le 23 avril 1721. Elle se remaria, avant le 11 novembre 1738, avec François d'Ysarn, marquis de Villefort, et fit un second testament au château de La Saumès, le 18 septembre 1750, devant Billet, notaire royal. Jean-Baptiste de Chanaleilles fut père de :

1° Guillaume-Joseph, dont l'article suit ;

2° Jeanne de Chanaleilles, religieuse bénédictine à Aubenas en 1750 ;

3° Marie-Anne de Chanaleilles, veuve, en 1750, d'Alexandre de Chambaud, seigneur de Saint-Lager ;

4° Madeleine de Chanaleilles, légataire de sa mère en 1721.

XXIX. Guillaume-Joseph de Chanaleilles, deuxième du nom, chevalier, marquis de La Saumès, baron de Ribes, seigneur de Saint-André-la-Champ, du Sault, de

1. Il avait prêté serment au roi pour cette charge, dès le 17 septembre 1697.

2. Armes de Largier : d'azur au chevron d'or, accompagné en chef de deux roses d'argent, et en pointe d'une tour du même.

Planzoles, du Petit-Paris, etc., coseigneur du château et mandement de Vernon, de La Blachère, de la ville des Vans, du mandement de Naves, dans l'Uzége, de Jalavoux et des Ternes, dans le Velay, mousquetaire, puis officier au régiment du roi, infanterie, épousa, par contrat du 12 novembre 1738, passé devant Barthélemy, notaire royal de la ville du Puy, Marie-Gabrielle-Claudine Bernard de Jalavoux[1], qui fit son testament à Joyeuse, devant Louis Tolède, avocat et notaire royal, à Saint-Alban, le 21 avril 1782. Elle était fille de Pierre Bernard, écuyer, baron de Jalavoux, seigneur des Ternes et autres places, et de Claudine de Borie. Leurs enfants furent :

1° Jean-Louis de Chanaleilles, chevalier, comte de La Saumès, né le 18 mai 1742, capitaine au régiment d'Auvergne, major du second régiment d'état-major, puis chef de bataillon, décédé en 1822. Il fit, le 29 novembre 1777, les preuves de noblesse devant les commissaires des États de Languedoc, pour y siéger en qualité d'envoyé de la baronnie de Castelnau-d'Estrettefonds, preuves qu'il remonta au delà de l'année 1274. Il fit également, au mois de mai 1785, par devant M. Chérin, généalogiste du cabinet des ordres du roi, les preuves exigées pour monter dans les carrosses du Roi et suivre Sa Majesté à la chasse, honneur qui lui fut accordé le 3 novembre de la même année. Il épousa : 1° Marie-Rose du Vidal de Montferrier; et 2° par contrat passé devant Duclos Dufresnoy et son confrère, notaires au Châtelet de Paris, le 17 juin 1780, Madeleine Gerbier de Franville, fille de Pierre-Jean-Baptiste Gerbier, chevalier, avocat au Parlement, conseiller de Monsieur, frère du roi, en tous ses conseils,

1. Armes de Jalavoux : d'argent à l'écureuil rampant de gueules; au chef d'azur, chargé d'un cor de chasse d'or, lié d'argent.

intendant de ses maisons, domaines et finances, seigneur du marquisat de Franville et autres lieux, etc. Il n'a pas eu d'enfants de ces deux mariages;

2° Joseph-François de Sales de Chanaleilles, chevalier de La Saumès, né à Joyeuse le 15 mai 1743, enseigne au régiment de Normandie le 21 août 1759, lieutenant au mois d'août suivant, capitaine le 4 mai 1771; capitaine-commandant des chasseurs du régiment de Neustrie le 28 février 1778, chevalier de l'ordre royal et militaire de Saint-Louis le 21 avril 1783, major du régiment de Flandres le 15 avril 1784; retraité lieutenant colonel;

3° Pierre-Régis de Chanaleilles, religieux bénédictin, prieur de Lucy-le-Bourg;

4° Jean-Baptiste de Chanaleilles, dont l'article suit;

5° Joseph-Guillaume de Chanaleilles, prêtre, docteur de Sorbonne, vicaire général du diocèse de Nancy;

6° Pierre-Joseph de Chanaleilles, prêtre, vicaire général du diocèse de Viviers; mort chanoine de l'évêché de Nîmes;

7° Marie-Anne de Chanaleilles;

8° Jeanne-Gabrielle de Chanaleilles;

9° Louise-Claudine de Chanaleilles.

Ces trois dernières étaient vivantes en 1785.

10° Marie-Claudine de Chanaleilles, religieuse à l'abbaye d'Aubenas;

11° Marie-Madeleine de Chanaleilles, religieuse à Largentière.

XXX. Jean-Baptiste de Chanaleilles, deuxième du nom, marquis de La Saumès, lieutenant au troisième régiment de chasseurs à cheval, en 1785, fut obligé de quitter le service par suite de blessures reçues à la campagne de Corse. Il épousa Françoise-Madeleine-Emilie de Cadoëne de Gabriac[1], fille du marquis de Gabriac, dont il eut :

1° Louis-Étienne-Achille, dont l'article suit;

2° Henri-Gustave de Chanaleilles, marié, sans enfants.

XXXI. Louis-Étienne-Achille de Chanaleilles, marquis de La Saumès, décédé, marié, le 3 septembre 1844, avec Claude-Françoise-Charlotte de La Baume, fille d'Eugène de La Baume, colonel d'état-major, chevalier de Saint-Louis et officier de la Légion d'honneur. De ce mariage sont issus :

1° Henri-Eugène-Roger, dont l'article suit;

2° Paul-Aimé-René de Chanaleilles, né en janvier 1853;

3° Françoise-Hippolyte-Gabrielle-Eugénie de Chanaleilles, née en décembre 1847;

4° Marie-Émilie-Blanche de Chanaleilles, née en décembre 1851.

5° Louis-Marie-Hélye de Chanaleilles, né en mars 1858, mort en 1872.

XXXII. Henri-Eugène-Roger de Chanaleilles, vicomte de Chanaleilles, né en novembre 1845, ancien auditeur au conseil d'État, sous-préfet à Châteaudun, département d'Eure-et-Loir.

On a vu, dans cette généalogie, que la maison de Chanaleilles a contracté ses alliances avec les familles suivantes :

De Paulhac, vers 823; de Venteuges, d'Apchier, vers 841; d'Auroux, de Malzieu, vers 873; de Thoras, de Cubelles, vers 905; de Jonchères, vers 933 et 1098; d'Aijo, de Saint-Léger, de Nozerolles, vers 933; de Saint-Préjet, vers 970; de Peyre, de Longeval, vers 1002;

1. Armes de Gabriac : de gueules, à sept losanges d'or.

de Modène, de Chazelles, vers 1025; de Bugeac, de Vazeilles, vers 1054; d'Agrain, de Desges, vers 1083; de Monteline, vers 1098; de la Boulène, de Vidalon, vers 1129; de Belvezet, vers 1179; de Saint-Alban, de Tartas, vers 1205[1]; d'Auroux-d'Aubusson, en 12..; de Rochon, en 1212; de Vals, en 13..; de Montgros, en 13..; du Bosc, en 1387; de Monjoc, en 1422; de Prunet, en 1434; de Castrevieille, en 14..; de Madières d'Aubaigues, en 14..; de Mauléon de Causans, en 1427; de Caritat-Condorcet, en 1442; de Piolenc, en 14..; de Cadris, en 14..; de Crochans du Bourg-Saint-Andéol, en 15..; de La Garde de Chambonas, en 15..; d'Agrain des Hubas, en 1556; de Castrevieille, en 1583; de Borne de La Saumès, en 1589; de Rozilhes, en 1601 (d'où lui est venue sa parenté avec la maison de Bourbon et avec celle de Montmorency); de Saint-Haon, en 1610; de La Tour des Bains, en 1619; de Tournon, en 16..; de Tournon, en 1630; de Roquart, en 16..; de Lestranges, en 1642; de Langlade, en 16..; de Teyssier de Salras, en 1655; de Gabriac de Barjac, en 1655; de Langlade, en 1655; des Arcis, en 1658; d'Hautefort de Gontaut, en 1693; de Charreton, en 16..; de Monteil, en 1700; de Largier, en 1701; de Chambarlhac, en 1724; de Jalavoux, en 1738; de Rilly de Villeblain, en 17..; du Vidal de Montferrier, en 17..; de Franville, en 1780; de Cadoëne de Gabriac, en 18..; de Carrère, en 1807; des Balbes de Berton de Crillon de Mahon, en 1832; de La Baume, en 1844; d'Andlau, en 1850; de Las Cases, en 1853; de Marcieu.

La maison de Chanaleilles a contracté en outre, par ces alliances, des liens de parenté, ou des affinités, avec

1. Ces alliances sont relevées du manuscrit de Chandon, qui ne cite le plus souvent qu'une date à chaque génération. Celles qui suivent sont reprises dans la généalogie faite par Chérin et continuées jusqu'aujourd'hui (1873).

plusieurs membres d'autres familles, telles que les familles de Verchères, de Barjac, de Gonschal, de Balazuc, de Bonneval, de Lévis, de Sabran, de Budos, de Portes, de Porcelet, de Montmorency, de Bourbon, de Condé, de Conti, de Cluzel, de La Rochefoucauld, de Gaultier, de Montfaucon-Lévis, de Chambaud de Banas, de Vogué, de Kersaint, de Duras, de Rauzan, de Larochejacquelein, de Lubersac, de Lostanges, de Virieu, de La Tourrette, de la Tour du Villan, de La Bastie de Rhulier, de Banes d'Avejau, de Goys de Corbières, de Borie, de Gaste, de Gévaudan, de Blou, de Bernardy, de Valgorge, de Salles, de Bouillé, de Perrinelle, du Hautvel, de Sambuis, de Brancas-Céreste, de Fortia, de Grammont, Pozzo di Borgo, de Caraman, de Lévis-Mirepoix, d'Herbouville, de Clermont-Tonnerre, de Polignac, du Laurens, de Rochechouart de Mortemart, de Montmorency, d'Avaray, de Laurencin, Borghèse, de Bernis, de Chevigné, de Sainte-Aldegonde, de Beauvau, de Craon, de Choiseul-Praslin, de Komar, de Crussol d'Uzès, de Beauvillers, de Forbin-Janson, de Noailles, de Sainte-Aldegonde, d'Havrincourt, de Guébriant, de Lagrange, Talon, du Cayla, de Brissac, d'Aubusson-Lafeuillade, de Tourzel, de Chalais-Périgord, de Beaufort, de La Garde, de Montalembert, de Rougé, de Vérac, de Sainte-Maure, de Lostanges, de Pastoret, de Francheville, de Tramecourt, de Perrien, de La Panouse, de Merode, de Kergariou, etc., etc.

Paris. — Imp. A. AZUR, boulevard Montparnasse, 90.

BRANCHES ÉTEINTES

DE

CHANALEILLES

DEUXIÈME BRANCHE DE CHANALEILLES

Seigneurs de Venteuges, de Servières, Château-la-Ville, Costaros, Freycenet, Jagonzac, la Vialle, Montaure, la Roche, l'Herm, Pissis, Vazeilles, etc.

III. 841. — Onfroy, deuxième fils de Hugues, seigneur de Chanaleilles ; il devint seigneur de Venteuges par sa femme Venancia, qui en était héritière et mourut en 870.

Marié en 842 avec Venancia, fille de Guigon, seigneur de Venteuges, tué à la bataille de Fontenay, en 841, et d'Olga, dame de Chazeaux, près de Largentière en Bas-Vivarais, qu'elle donna au troisième fils de sa fille en 871, et qui mourut la même année.

Enfants : 1° Hugues Ier qui suivra :

2° Guigon, tige de la 3e branche, seigneur de Chazeaud.

3° Agnès, femme de Josué, seigneur de Nozerolles, en 876.

IV. 870. — Hugues Ier, seigneur de Venteuges, près de Servières, du chef de sa femme.

Marié avec Agérine, dame de Servières, fille de Raymond, seigneur dudit lieu de Nozerolles, et de Bertrade, dame de Servières.

Enfants : 1° Bertrand qui suivra :

2° Marie, femme de Gui, seigneur de Cubelles, veuve en 923; elle ne laissa qu'une fille, Charlotte, dame de Cubelles, qui épousa son cousin.

V. 896. — Bertrand, seigneur de Venteuges et de Servières. Il mourut en 923; il fut massacré avec Gui de Cubelles dans une émeute à la sortie de la messe, à Cubelles.

Marié avec Helvide, fille d'Othelin, seigneur de Monistrol, en 870, mort en 886, et de Helvide, sa veuve.

Enfants : 1° Othelin qui suivra :

2° Guillaume, tige de la 4e branche des seigneurs de Cubelles, formée en 923, après la mort de son oncle Gui, par son mariage avec Charlotte sa fille, et aussi sa cousine.

3° Pierre, moine, puis prieur de l'abbaye de Saint-Chaffre, au diocèse du Puy, après 923.

VI. 923. — Othelin, seigneur de Venteuges, Servières, puis, par sa mère, des trois fiefs de Lavialle, de Montaure et de Pissis, sis à Monistrol d'Allier, mort en 960.

Marié avec sa nièce Helvide de Cubelles, qui resta veuve.

Enfants : 1° Arnaud Ier, qui suivra :

2° Gillon, seigneur de Servières, en 960, mort sans postérité.

3° Mathilde, femme de Gui, seigneur de Fontanes, à Monistrol.

4° Bertrade, femme de Pierre de Saugues, seigneur de Bugeac et de Longeval, fiefs sis à Saugues, en 960.

5° Helvide Pissis, qui resta fille et mourut saintement, le vendredi saint, en 1026, âgée d'un siècle.

VII. 960. — Arnaud Ier, seigneur de Venteuges, de la Vialle, Montaure et Pissis.

Marié avec Guyotte, fille de Saugues, seigneur de Saugues, en 935.

Enfants : 1° Raoul, qui suivra :

2° Simon, seigneur de la Vialle, en 995.

3° Jeannot, seigneur des deux fiefs de Montaure et Pissis, en 995.

VIII. 995. — Hugues II, seigneur de Venteuges, de Freycenet et de la Roche, sis à Saugues, par sa femme Justine, héritière de ces fiefs.

Enfants : 1° Arnaud II, qui suivra :

2° Abel, tige de la 5e branche ;

3° Hugues, chanoine de l'Église du Puy, 1021 ;

4° Gillon, seigneur de Chacornas, du chef de sa femme, mort en 1048.

Marié à Almerida, dame de Chacornas, mère de Rosalie, qui fut dame de Chacornas et qui le céda à son oncle en 1048.

IX. 1021. — Arnaud II, seigneur de Venteuges, de Freycenet et de la Roche, puis de Vazeilles, près de Saugues, par sa femme, etc., puis de Chacornas, par sa mère ; il mourut en 1055.

Marié en 1020 avec Alide, dame de Vazeilles, de l'Herm et de Jagonzac fiefs situés dans ledit Chacornas, fille de Guigon II, seigneur desdits lieux, et de Julie de Monistrol.

Enfants : 1° Guigon Ier, qui suivra :

2° Jean, seigneur de Costaros et Château-Laville à Chacornas; il mourut en 1070, sans alliance, et ses fiefs passèrent au suivant.

3° Raoul, seigneur de Jagonzac en 1055, tige de la 6e branche.

4° Guillaume IV, 19e abbé de Saint-Chaffre, en 1086, mort en 1117.

5° Alide, femme en 1055 de Robert, seigneur de Croisance.

6° Rosalie, femme en 1055 de Guigues, seigneur de Thoras et des fiefs de Chaylau, de Chazelles et de Colange, situés tous trois dans la terre de Thoras, dont les deux fils Guigues, seigneur de Thoras, en 1080, et Gillon, seigneur de Colange avec les deux autres frères ci-dessus, firent chacun une branche.

X. 1055. — Guigon Ier, seigneur de Venteuges, de Freycenet, de la Roche, de Chacornas et de Vazeilles; il fit reconstruire l'église de Venteuges, en 1065, dont il paya la moitié des frais, et les habitants dudit Venteuges, avec ses hameaux, fiefs, fermes, métairies et maisons isolées payèrent l'autre moitié des frais; la nouvelle église fut bénie en l'an 1068, au mois de juin, par Mgr Pierre II de Mercœur, 48e évêque du Puy et du pays de Velais (*sic*). Guigon Ier fut tué par une bande de voleurs dans le chemin de Cubelles, en revenant chez lui à Venteuges, en mars 1080.

Femme : Adelvie de Cubelles, dame des fiefs du Fau, la Pénide et Sauvant, sis à Cubelles, morte en 1076, fille de Guigues II, seigneur de Cubelles en 1030. (*Voy.* 4e *branche.*)

Enfants : 1° Arnaud III, qui suivra :

2° Pierre, seigneur de Freycenet en 1080 :

3° Raoul, seigneur de la Roche, en 1080 :

4° Guyotte, femme de René, seigneur de Romalian, à Joannas, en 1080.

XI. 1080. — Arnaud III, seigneur de Venteuges, Chacornas, Vazeilles; il possédait déjà, depuis quatre ans, les fiefs du Fau, de la Pénide et de Sauvant, du chef de sa mère; il mourut en octobre 1105, en Palestine, où il s'était croisé depuis sept ans.

Femme : Aveline de Romalian, sœur de René cité ci-dessus, et fille de Guigues, seigneur de ce lieu, 1050.

Enfants : 1° Guigon II, qui suivra :

2° Raoul eut les fiefs de Cubelles en 1106.

3° Ivette, femme de Guillaume de Chaderan, en 1106.

XII. 1105. — Guigon, chevalier, seigneur de Venteuil, de Chacornas, de Vazeilles, etc.

TROISIÈME BRANCHE DE CHANALEILLES

Seigneurs de Chazeaux, de Blaunac, coseigneurs de Joannas, de Montréal, de Réal, de la Tourette, Saint-Amand, sis à Laurac, de Caseneuve, avec château, le Monteil, et Mejanes sis à Chazeaux, châtelains de Largentière.

IV. 870. — Guigon Ier de Chanaleilles, deuxième fils d'Onfroy, seigneur de Venteuges, mort en 870, devint seigneur de Chazeaux, près de Largentière, par donation d'Olga, son aïeule maternelle, dame dudit Chazeaux, du chef de sa mère, qui lui donna cette terre en mariage en 871 ; il ne vivait plus en 900.

Marié en 871 à Angeline, dame de Blaunac, paroisse de Joannas, fille de Valain, seigneur de Blaunac, mort avant 871.

Enfants : 1° Valain, qui suivra :

2° Agilmar, chanoine et archidiacre de l'Église du Puy, en 900.

3° Marie, femme de Jean, seigneur de Fanjaux et châtelain de Largentière, dès l'an 900.

V. 900. — Valain, seigneur de Blaunac, de Chazeaux, puis de Montréal et de Réal, par sa femme, terre et fief, sis près de Largentière. Resté veuf, il disposa des terres de sa femme et les donna en mariage à son premier fils, et mourut en 927 à Chazeaux où il fut enterré dans l'église, près du corps de sa femme.

Marié à Berthe, dame de Montréal et de Réal, morte en 914, avec Valin, seigneur desdits lieux, et Visette, ses père et mère, qui périrent dans Montréal par les feux de plusieurs volcans qui détruisirent le château et l'église. Les habitants de cette paroisse et ceux qui ont survécu s'étaient enfuis de leur village et s'étaient réfugiés dans les bois des environs. Chambron, qui rapporte ces faits, ajoute que la destruction de ce pays fut terrible et se répandit à plusieurs lieues à la ronde, mais que ce fut le dernier malheur produit par les volcans, car, depuis l'année 914 ils se sont tous éteints dans le Vivarais.

Enfants : 1° Guigon II, qui suivra :

2° Raoul, tige de la 7° branche, seigneur de Blaunac et co-seigneur de Joannas et comtour de cette place par son mariage.

VI. 927. — Guigon II, seigneur de Chazeaux, de Montréal et Réal. Ce fut lui qui rappela à son village de Montréal les hommes, les femmes et leurs enfants en leur faisant l'offre de leur donner des terres pour cultiver, des pierres de ses carrières et du bois pour reconstruire leurs maisons et bâtiments, sans rien lui payer à lui, seigneur du village, ni à ses successeurs pendant cinquante ans (Manuscrit de Chambron). Cet auteur ajoute que le village de Montréal resta sans personne jusqu'en l'année 927, que le seigneur fit reconstruire l'église et le château dans d'autres places plus commodes pour les habitants. La nouvelle église fut bénie en 934 avec la chapelle du château neuf à Réal, par Mgr Pierre Ier, 40e évêque de Viviers. Guigon II ne vivait plus en 956.

Marié à Otheline de Laurac, dame des Andrieux et Gerbeaux, fiefs situés dans la paroisse de Laurac, près de

Largentière, et fille de Guigon II, seigneur de Laurac, en 910, et mort en 940.

Enfants : 1° Roger Ier, qui suivra :

2° Poncet, seigneur des deux fiefs de Laurac, lequel fut marié et laissa à chacune de ses deux filles un fief qu'elles portèrent à leurs maris restés inconnus.

3° Alvide, femme de Regnier, seigneur de Nieigles, à quatre lieues de Largentière ; ils moururent l'un et l'autre en 977 et 979 ;

4° Justine, religieuse à Soyons-sur-Rhône, et qui était prieure de cette abbaye à la mort de son père, en 956.

VII. 956. — Roger Ier, seigneur de Chazeaux, de Montréal et Réal, châtelain du château de Largentière, puis, par sa femme, il devint encore seigneur de la Tourette et de Saint-Amand de Laurac, dont il fit rebâtir la petite église de ce dernier fief ; il mourut en 980.

Femme : Gillonne de Laurac, dame des fiefs de la Tourette et de Saint-Amand, qui resta veuve. De concert avec Gillon Ier, son fils aîné, elle fonda un couvent, à Laurac, lequel forme aujourd'hui, dit Chambron, le lieu de la Chartreuse. La chapelle et la maison furent aussi dotées par le seigneur et sa mère, qui y appelèrent les pauvres filles de la contrée qui n'avaient pu se marier faute de dot.

Gillonne de Laurac fut inhumée dans la chapelle Saint-Jean de ce couvent.

Elle était fille de Ponce, seigneur de Laurac, en 940, et de Ida, fille de René, seigneur de Sanilhac.

Enfants : 1° Gillon Ier, qui suivra :

2° Armande, femme de Gui, seigneur de Roches, en 980.

3° Gillonne, femme de Montan, seigneur de Brunet, en 980 ;

4° Alix, qui fut la prieure du couvent de Laurac, morte en 1005.

VIII. 980. — Gillon Ier, seigneur de Chazeaux, Montréal, Réal, de la Tourette et de Saint-Amand; il fit reconstruire l'église de Chazeaux, qui avait été détruite par la foudre en 1004. Elle fut consacrée et bénie, en 1014, par Hermann, 46e évêque de Viviers (Chambron, *man.*). Nous avons parlé plus haut de la fondation du couvent fondé par ce seigneur et doté par lui ; il y fut inhumé avec sa femme et sa sœur, en 1016.

Marié à Fénérie, dame des fiefs de Bouregros et Fenouillère qu'elle donna à son deuxième fils; elle mourut, en 1010. C'était la fille de Justan, seigneur de, Brunett en 955, et de Jeanne de Laurac.

Enfants : 1° Valentin, qui suivra :

2° Berthe, femme de Roger, seigneur de Vinezac, en 996.

3° Gillonne, femme de Ponce, seigneur de Channes à Coucouron en 998.

IX. 1016. — Valentin, seigneur de Chazeaux, Montréal, Réal, la Tourette et Saint-Amand, puis par sa femme de Caseneuve, du Monteil et Mejeannes, sis à Chazeaux et châtelain de Largentière après son beau-père en 1021; il mourut en 1046.

Marié en 1012 à Otheline de Joannas, morte avant son mari;

2° Fille de Thierry II, seigneur et comtour (1), de Joannas, châtelain du château de Largentière, mort en 1021, et d'Armande de Caseneuve, dame de ce lieu et autres fiefs de Chazeaux, morte en 1012.

(1) Ce nom, dit Chambron (man.), équivalait à celui de comte et signifiait qu'on possédait la haute justice dans sa terre, et désignait aussi un grand seigneur qui possédait dans ces temps une dizaine ou une douzaine de terres seigneuriales ou terres paroissiales avec clochers.

Enfants : 1° Roger II, qui suivra :

2° Thierry eut les terres de sa mère, consistant dans le château de Caseneuve, du Monteil, en 1066.

3° Siméon, qui fut chanoine des églises du Puy, de Valence et de Viviers, puis archidiacre de Mende en 1066.

4° Otheline, dame de la Tourette, qui épousa Hugues, seigneur de Chauzon; celui-ci prit le nom de la Tourette, ainsi que sa postérité, qui s'est éteinte en 1214 par la mort de Hugues III de la Tourette, chevalier, seigneur de la Tourette, coseigneur de Chauzon, capitaine de cinquante hommes d'armes du roi Philippe-Auguste, et qui fut tué à la bataille de Bouvines le 27 juillet 1214, sans postérité.

5° Marguerite, prieure de l'abbaye de Soyons, en 1055, puis devint, en 1060, la 18e abbesse de ce lieu; morte en 1070.

X. 1046. — Roger II, seigneur de Chazeaux, Montréal, Réal et Saint-Amand, coseigneur de Joannas et châtelain du château de Largentière.

QUATRIÈME BRANCHE DE CHANALEILLES

Seigneurs de Cubelles, du Fau, de la Pénide, de Sauvant.

VI. 923. — Guillaume, deuxième fils de Bertrand, seigneur de Venteuges et de Servières, mort en 923, avec Gui, son beau-frère, seigneur de Cubelles, dont la fille unique, Charlotte, apporta cette terre avec trois fiefs à notre Guillaume son cousin germain; alors celui-ci devint seigneur de Cubelles et des fiefs du Fau, de la Pénide et de Sauvant.

CINQUIÈME BRANCHE DE CHANALEILLES

IX. 1021. — Abel, deuxième fils de Hugues II de Chanaleilles, seigneur de Venteuges, etc., mort en 1021.

SIXIÈME BRANCHE DE CHANALEILLES

Seigneur de Jagonzac, de Costaros et Château-la-Ville, sis tous trois à Chacornas.

X. 1055. — Raoul, troisième fils d'Arnaud II de Chanaleilles, seigneur de Venteuges, etc., mort en 1055; il fut seigneur de Jagonzac à la mort de son père, puis des fiefs de Costaros et Château-la-Ville à la mort de Jean de Chanaleilles son deuxième frère, décédé en 1070 sans alliance.

SEPTIÈME BRANCHE DE CHANALEILLES

Seigneurs de Blaunac, le Genestet et le Prat, trois fiefs sis à Uzer, près de Largentière, Fanjaux sis dans ce dernier lieu, seigneur et comtour de Joannas, châtelain de Largentière, etc.

VI. 927. — Raoul Ier de Chanaleilles, deuxième fils de Valain, seigneur de Blaunac, de Chazeaux, de Montréal, de Réal, mort en 927, et de Berthe de Montréal; il reçut de son père le fief de Blaunac, puis par son mariage il devint seigneur et comtour de Joannas en 930; il était mort dès l'an 960.

Marié à Adéline, dame de Joannas, avec toutes justices dans le bourg et ses dépendances qu'elle fit entrer dans la famille de Chanaleilles ; elle resta veuve et partagea ses biensentre ses cinq enfants avant de mourir en 964.

Elle était fille unique de Foulques II, seigneur et comtour de Joannas, etc., mort en 930, et de Joyette sa femme.

Enfants : 1° Foulques Ier, qui suivra :

2° Abel, fut seigneur de Blaunac, mort sans postérité en 980. Marié à Agnès, dame de Fanjaux, sis à Largentière, qui mourut cinq ou six ans après son mari.

Sa fille Adéline, dame de Blaunac et Fanjaux, épousa son cousin Raoul de Chanaleilles et lui porta en mariage ces deux fiefs en 986.

3° Berine, femme de Hugues II, seigneur de la Mastre, en 941.

4° Agnès, femme de Bertrand, seigneur de Mayres, en 944.

5° Ivette.

VII. 960. — Foulques Ier, seigneur de Joannas et comtour de ce lieu, il fut aussi seigneur de Grolon (château) et de Chassiers, par sa femme, en 968, et enfin châtelain de Largentière en 975 : il mourut avant Pâques en 983.

Marié avant 966, à Albine, dame du château de Grolon et de Chassiers, sa paroisse, qui resta veuve deux ou trois ans, fille unique de Raoul II, seigneur desdits lieux, en 940, mort en 968, et de Mathilde de Largentière.

Enfants : 1° Raoul II, qui suivra :

2° Liebaud, seigneur des fiefs du Cros et du Gay, sis à Joannas, par Mathurine sa femme.

Gayotte, leur fille, fut mariée de leur vivant à Gui de Piades, auquel on donna les deux fiefs.

VIII. 983. — Raoul II, seigneur de Joannas et comt ou

dudit lieu de Grolon et Chassiers, puis de Chauzon, de Menestrel et de Saint-Martin, sis paroisse de Chauzon, du chef de sa femme ; il mourut en 1010.

Femme : Marié vers 985 à Alice de Chauzon, dame des fiefs cités plus haut, qui resta veuve.

Fille d'Arnaud, seigneur de Chauzon en 955.

Enfants : 1° Arnaud, qui suivra :

2° Gillon, seigneur des fiefs de sa mère en 955.

IX. 1010. — Arnaud, seigneur de Joannas et comtour de ce lieu, seigneur de Grolon et Chassiers, de Chaderon, le Genestet et le Prat, situés tous trois à Uzer, près de Largentière, et châtelain du château de ce lieu ; il ne vivait plus en mars 1044.

Femme : Marié vers 1004 à Héliane, dame de Chaderon, le Genestet et le Prat, que son père lui donna à son mariage, morte avant son mari. Elle était fille de Raoul, seigneur d'Uzer et des mêmes fiefs, mort en 1012, et de Béatrix sa femme.

Enfants : Raoul III, qui suivra :

2° Pons.

3° Alice, femme de Bernard, seigneur de Mayres, en 1046.

4° Agnès, femme de Guigon Ier, seigneur de Costrevieille et coseigneur de Jaujac en 1050, mort en 1070.

X. 1044. — Raoul III, seigneur et comtour de Joannas, châtelain du château de Largentière, seigneur de Grolon, de Chassiers, de Chaderon, le Genestet et le Prat, succéda, ainsi titré, à son père en 1044, puis en 1055, seigneur en plus de Moriac, par sa femme. Il partagea ses biens entre ses enfants avant de mourir et mourut à Largentière le 10 août 1070.

Femme : Marié en 1034 à Mayette, dame de Mariac,

fille unique de Pons, seigneur dudit lieu en 1018, mort en 1055, et de Roselande sa femme.

Enfants : 1° Pons, qui suivra :

2° Bernard, seigneur de Mariac.

3° Simon, seigneur des fiefs de Chaderon, le Genestet et le Prat.

4° Mayette, dame du château de Grolon et de Chassiers, que Robert de Largentière, deuxième fils du seigneur de ce lieu, son mari, aliéna à Pons, son frère aîné, seigneur de Largentière.

5° Bernarde, religieuse, puis abbesse de Soyons en 1095; elle en fut la 21e supérieure et mourut en octobre 1124, fort âgée, et fut inhumée au pied du grand autel de son abbaye.

6° Éléonore, femme de Pierre de Calaron, seigneur de...

7° Mathilde.

8° Agnès.

XI. 1070. — Pons, chevalier (miles), seigneur, comte de Joannas, de Blaunac, et châtelain capitaine du château et de la ville de Largentière, puis seigneur de Talluron, du chef de sa femme; il partit pour la croisade en 1096 et y fut tué sous les murs de Nicée, en 1097, où les croisés furent défaits par les Turcs (Chambron).

Femme : Marié en 1055 à Isabelle de Talluron, dame dudit lieu.

HUITIEME BRANCHE DE CHANALEILLES

Seigneurs de Moulines, coseigneurs de Pradelles pour 1/4 de Croisance, de Grèzes, châtelains de Coucouron, baillis de la baronnie de Montlaur et barons de la terre de Chabannes, près de ce lieu.

XIII. 1129. — Bernard de Chanaleilles, mentionné dans la 1re branche non éteinte, deuxième fils d'Arnaud II, seigneur de Chanaleilles, etc., mort en 1129, et d'Hélisente d'Apchier; il prit les qualités d'écuyer, seigneur de Moulines, puis coseigneur de Pradelles, de Croisance, et de châtelain du château de Pradelles; mort en 1160.

Femme : Marié, en 1128, à Manteline de Pradelles, dame de Croisance et de Moulines, puis co-dame de Pradelles, fille unique de Gui II, l'un des quatre seigneurs de Pradelles, etc., croisé en 1096; il revint de la Palestine pour Rome, et mourut à Pradelles en 1131, et d'Inès dame de Grèzes, sa femme, morte en 1124.

Enfants : 1° Arnaud Ier, qui suivra :

2° Pons, chanoine de l'église du Puy.

3° Gui, qui accompagna son oncle Hugues, dans son voyage pour Rome, en 1159, et mourut sans alliance, en 1170.

4° Guigon, qui fut chevalier de l'ordre du Temple, ou Templier, puis devint premier commandeur de la commanderie de Saint-Jean, près les Prés-de-Montbrison, en 1155, mort en 1162.

5° Manteline, femme de Simon, écuyer, seigneur de Bois-Sandron, Chanteloube, la Chaumette et le Pin, sis à Isarles, près de Coucouron (1).

XIV. 1160. — Arnaud Ier, écuyer, coseigneur de Pradelles, de Croisance, de Grèzes, de Moulines, etc., puis baron de Chabannes et châtelain de Coucouron, par sa femme; il rendit hommage au haut seigneur baron de Montlaur, son voisin et son beau-père, en 1164; il mourut en 1188.

(1) Sur un rocher, c'est une des villes les plus hautes et les plus élevées de France. — Beau coup-d'œil!...

Marié en 1164 à Robertine de Montlaur, baronne de Chabannes et châtelaine de Coucouron, morte en 1185.

Arnaud de Chanaleilles fut autorisé par son mariage à prendre les qualités de sa femme, afin de tenir un rang convenable pour la maison de Montlaur (Chambron, *man.*).

Robertine était troisième fille de Robert, chevalier, sire et baron de Montlaur, Aubenas et Coucouron, etc., en 1147, qui termina le fort-château d'Aubenas, et mourut en 1178, et d'Héracline de Pradelles, morte en 1166, sa première femme.

Enfants : 1° Hugues Ier, qui suivra :

2° Robert, qui fut la tige de la 9e branche des seigneurs de Croisance, de Grèzes et d'autres terres situées au diocèse du Puy.

3° Guigon fut seigneur du fief et château de Moulines, situé en la paroisse de Pradelles. On ignore s'il fut marié, mais il ne laissa pas d'enfants en mourant ; il ne vivait plus en 1210.

4° Isabeau, femme de Julien II, chevalier seigneur de Château-Vieux, de Graillouse, la Chapelle, le Ventulon, etc., en 1188; ils eurent dix enfants.

XV. 1188. — Hugues Ier, chevalier seigneur baron de Chabannes, coseigneur de Pradelles, etc. ; il fut aussi châtelain de Coucouron et bailli de la terre et baronnie de Montlaur dès 1200 ; il fut tué à la bataille de Bouvines, le 27 juillet 1214, avec cinq de ses vassaux et plusieurs seigneurs de la contrée.

Marié en 1188 à Huguette d'Airac, dame d'un manoir et d'un fief dit de la Font, situé audit Airac, fille de Pons, chevalier seigneur d'Airac, la Coste, la Valette et la Font qui possédait ces domaines en 1160 ; il était bailli d'Antraigues en 1168.

Enfants : 1o Bastien Ier, qui suivra :

2° Jacques, seigneur de la Font, avec les autres biens de sa mère, tige de la 10e branche, dite de Chabannes, où il fonda un château de ce nom à Gourdon, à cinq lieues de Privas.

Alix, femme de Guigon, chevalier seigneur de Vabres en 1200, et tué à Bouvines en 1214.

XVI. 1214. — Bastien Ier, chevalier, baron de Chabannes, châtelain de Coucouron, coseigneur de Pradelles, puis de Beauregard, à Lanarce, par sa femme. Il fut fait bailli de la baronnie de Montlaur après son père, en 1214, en rendant hommage pour ses terres au haut baron de Montlaur, et testa en juin 1245.

Marié en 1212 à Marie, dame de Beauregard, fille d'Arnaud Ier, chevalier seigneur de Lanarce, Laceuse, la Chavade et la Fare, qui sont des fiefs situés dans ladite paroisse de Lanarce, à trois lieues de Coucouron qu'il possédait dès 1185.

Enfants : 1° Gui II, qui suivra :

2° Arnaud, seigneur de la Fare et de Lafont, à Lanarce, en 1245; il fut bailli de la baronnie de Montlaur et des terres qui en dépendaient; il mourut en avril 1275.

Marié à Clémence de Lanarce, dame de la Fare.

Deux filles : 1° Jeanne, qui épousa Simon de Pinvert; elle mourut sans enfants avant son père.

2° Thérèse, dame de la Fare et de Lafont qui épousa Gui, d'Issarles.

3° Adeline, femme, en 1244, d'Andéol, chevalier, seigneur de Cadres en 1251;

4° Ida, femme, en 1246, de Roger, chevalier, seigneur des Vans;

5° Marie, femme, en 1250, de Jean, écuyer, seigneur de Chanteloube, à Lanarce.

XVII. 1245. — Gui II, chevalier, baron de Chabannes, coseigneur de Pradelles, de Beauregard, etc., châtelain de Coucouron, dont il rendit hommage au baron de Montlaur en avril 1245; il mourut en septembre 1272.

Marié en 1242 à Isabelle de Genestelle, dame des fiefs de Campestel et Conqueste, sis audit lieu, morte en 1270, deuxième fille de Bastien IV, chevalier, seigneur de Genestelle en 1218.

Enfants : 1° Bastien II, qui suivra :

2° Louis, qui fut prêtre à Viviers, puis, fut créé curé de l'église de Pradelles, en 1272.

3° Simon, chanoine du Puy en 1272;

4° Éléonore, femme, en 1266, de Gui de Pagour, chevalier de Concoules, sis à Lesperon en 1270.

XVIII. 1272. — Bastien II, chevalier, baron de Chabannes, coseigneur de Pradelles, seigneur de Beauregard, de Compestel, etc., châtelain de Coucouron et bailli de la baronnie de Montlaur ; il rendit hommage au baron de ce lieu, en août 1272, pour ses terres qui relevaient du château de Montlaur; il fit son testament au château de Chabannes, en octobre 1296, et mourut peu de jours après.

Femme : Marié, en 1268, à Alix de Cadris, fille aînée de Hugues II, chevalier, seigneur de Cadris, coseigneur d'Antraigues et de la Violle, en 1226, mort en 1251, et d'Isabeau, dame de la Volance.

Enfants : 1° Hugues II, qui suivra :

2° Robert, seigneur de Compestel, etc.

3° Christine, femme de Guigon III, chevalier, seigneur du Pal, Fraissenet et Salendre, sis à Rocles, à trois lieues de Largentière, possesseur de ces trois fiefs, dès 1290, alors marié; mort le 29 mars 1315.

XIX. 1296. — Hugues II, chevalier, baron de Chabannes, coseigneur de Pradelles, seigneur de Beauregard, châtelain de Coucouron et bailli de Montlaur, mort en août 1315, par l'excès de la chaleur de cette année.

Femme : Marié, en janvier 1293, avec Isabelle de Sagnes, qui resta veuve, et vivait en 1315.

Fille aînée de Gui IV, chevalier, seigneur de Sagnes, Autuche, Bourlatier (avec château), Chabru, Cros-de-Padel, Goudoulet, et autres fiefs et domaines; il donna à sa fille Isabelle ceux d'Autuche, Bourlatier et Chabru, sis paroisse de Sagnes, qu'il possédait dès l'an 1260, mort en 1298 et de Marie de Péreyre.

Enfants : 1° Gui III, qui suivra :

2° Pons, écuyer, seigneur de Bourlatier et de son château, qu'il eut en 1315.

XX. 1315. — Gui III, chevalier, baron de Chabannes, coseigneur de Pradelles qu'il donna à Raoul de Soignes, son neveu par alliance, seigneur de Beauregard, châtelain de Coucouron et bailli de la baronnie de Montlaur; il fut tué à la bataille de Crécy, le 26 août 1346.

Femme : En 1312, Marie de Cadris, qui resta veuve avec ses cinq enfants mariés.

Fille de Jean Ier de Cadris, chevalier, seigneur dudit lieu du Chambon, du Crouzet, et coseigneur d'Asperjoc, en 1280, mort en 1308, et d'Alasie de Bernoud.

Enfants : 1° Charles Ier, qui suivra :

2° Poncet, écuyer, seigneur de Villeverte, fief sis à Coucouron en 1346.

Marié en 1340 à Jean du Pin, dont vint : 1° Pons; 2° Marie ; 3° Isabelle.

3° Hugues, écuyer, seigneur de Beauregard, sis à Lanarce, en 1346.

4° Marie, qui épousa le 5 août 1338 Gui IV, chevalier, seigneur d'Issarles, pour la moitié du village ;

5° Guyotte, qui épousa, le 10 juin 1341, Jean de Boisse, écuyer, seigneur de ce lieu et les Greils, etc., sis paroisse de Sanilhac, près de Largentière.

XXI. 1346. — Charles Ier de Chanaleilles, chevalier, seigneur et baron de Chabannes.

(Il existe deux autres branches éteintes, rapportées dans les manuscrits de l'abbé Chambron.)

Paris. — Typ. A. DAVY, 52, rue Madame et rue Corneille, 3.

Paris. — Typ. A. DAVY, 52, rue Madame.

www.ingramcontent.com/pod-product-compliance
Lightning Source LLC
Chambersburg PA
CBHW070900280326
41934CB00008B/1522

9782012591738